唐浩明評點曾國藩日記

四

□爲兒子訂婚庚

原文

早，辦理文件。飯後與客叙談。寫對聯十付。小睡片時。希庵自蘄水來會。唐義渠自張家塝來見。

未刻辦訂庚事，以第四女許郭雲仙之子。男庚，己酉正月初四申時。女庚，丙午九月十八未時。此女曾奉先大夫命，出繼與季洪弟爲女，故拜帖用兩分：一用本生父母名，一用繼父名。郭家亦以兩帖來也。又爲長子紀澤聘劉霞仙之女爲室。男庚，己亥十一月初二日寅時。女庚，辛丑正月初九戌時。郭家姻事請李希庵、孫筱石爲媒。劉家姻事請彭雪琴、唐義渠爲媒。申正，請客二席，四媒人之外，有蓮舫、王孝鳳、張廉卿、王槐軒、李察庵、曾玉樵諸公在座。傍夕寫扁一幅。與希庵談營中事。（咸豐八年七月初六日）

評點

咸豐八年六月初，正在家鄉爲父親守喪的曾氏接到朝廷命他復出辦理浙江軍務的命令。曾氏接旨後便啓行。他取道水路，由長沙到武昌，然後沿長江東下。七月五日，船到湖北南溪。在這裏，曾氏爲他的兩個兒女辦理訂庚事。訂庚，即男女兩家互送庚書。庚書上寫明出生的年、月、日、時辰，這就意味着訂婚了。這次是爲四女及長子訂婚。

曾氏第四女名紀純，出生於道光二十六年九月十八日，此時虛歲十三歲，未來的丈夫是郭嵩燾的長子剛基。剛基生於道光二十九年正月初四，此時虛歲十歲。郭嵩燾身爲翰林，又是曾氏至交好友，郭剛基聰明好學，這本是一樁好婚姻。可惜，郭剛基短命。結婚後衹有四年，郭剛基便因病去世，年僅二十一歲，留下紀純在憂鬱中獨自撫養二子，光緒七年去世，也衹有三十五歲。

曾紀澤已是再婚了。咸豐六年，紀澤與賀長齡之女結婚，第二年賀氏難産去世。這次訂的是劉蓉之女。紀澤雖是二婚，但也衹有二十歲。劉氏十八歲。無論家世人品，還是年齡，二人都是相般配的。應該説，紀澤的這次婚姻是幸福的。劉氏先後育有三子二女，其子廣鑾承襲一等侯爵。

□誡九弟及與三女訂盟

原文

是日，余四十八生日。早，清理文件。凡賀生者皆辭謝。旋九弟來叙談。辰刻，至九弟營早飯，同坐爲郭氏叔侄、李小泉。巳刻歸，看《文選》各小賦。未初，九弟來，共飯。黄大令及總局送滿漢席。九弟登舟歸去，余送至舟中，營哨送者，爆竹甚多。夜温《臣工之什》、《閔予小子之什》。

送九弟時，與之言所貴乎世家者，不在多置良田美宅，亦不在多蓄書籍字畫，在乎能自樹立子孫，多讀書，無驕矜習氣；又囑多習寸以外大字，以便寫碑版；又囑爲三女兒訂盟。（咸豐八年十月十一日）

評點

曾氏四個弟弟中，對其事業裏助最大的應是老九國荃。道光二十七年，二十四歲的老九考中秀才，後在家鄉設館辦學。咸豐二年底，曾氏奉旨辦團練，老九跟隨大哥來長沙。一年多後又回到家鄉。咸豐六年春，原準備以優貢身份進京參加廷試的老九，因大哥在江西危急，便招募兩千人，號吉字營，十月份進入江西援助。咸豐七年二月，老九從江西回家守父喪。同年九月再入江西。咸豐八年六月，曾氏復出，駐扎江西建昌。就在這緊要時期，老九率吉字營攻克江西峽江、吉水、太和、萬安等城。朝廷給他一個同知銜歸部即選的許諾，並賞戴花翎。老九準備回家去，行前率所部來到建昌與大哥話別。

很可能因攻城略地既得到獎賞又得到不少銀錢，老九在與大哥談話中透露出得意的神態和置辦產業的想法。於是曾氏奉勸九弟：世家大族的可貴，不體現在良田美宅上，也不體現在名貴版本的書籍和名家字畫上，而在於能有一個可供子孫學習的良好榜樣，這需要靠多讀書來擴展胸襟，還要去掉驕傲自得之氣。

老九的字寫得不錯，與乃兄相比，筆畫結構上更顯得秀氣端莊。曾氏叮囑九弟，回家後要多練一寸以上的大字，便於題碑題匾。小字祇供日常實用，大字纔宜於社會交往，隨着名氣的擴大與地位的遷升，來求字的人必定不少，作大哥的已爲日後將會發達的九弟預先籌劃了。

老九回家，曾氏又囑托他以父輩身份爲三女訂立婚盟。曾氏的三女兒名紀琛，已十四歲。父母爲她說好的丈夫是羅澤南的次子兆昇。因羅澤南的緣故，羅兆昇被朝廷賜爲舉人，可以舉人身份直接參加會試。看起來，羅兆昇是佳婿，但實際上這樁婚姻很不幸。羅兆昇是個紈絝子弟，既無實在本事，又脾氣暴躁，紀琛在羅家日子過得很壓抑。好不容易生了一個兒子，卻又於同治四年五月，在送別曾氏離金陵北上的禮炮聲中受驚嚇而死去。此後紀琛再未生兒子，在羅家的日子更難過。羅兆昇因此另娶兩妾，徹底冷落了紀琛。不料，羅兆昇又在四十三歲時死於官署，留下一個遺腹子羅長燾。從此，三個寡婦守着一個單丁，苦度殘生。民國元年，紀琛去世，終年六十八歲。這個侯門之女，雖然一生衣食不缺，但精神上備受苦痛。追根溯源，乃是嫁得不好的緣故。

過去時代的女子，既不能自己擇偶，又不能到成年之後再去尋找各方面都已成熟的丈夫，還不能離婚，於是少年（或幼年）訂盟就變成了一場賭博。賭得好，是命好，賭得不好也祇能自認命苦而已。曾氏四個女兒，除最小的紀芬外，其他三個女兒的婚姻、家庭生活都令人嗟嘆。

□次子曾紀鴻

原文

是日仍大東北風，在老洲頭彎泊一日。飯後清理文件。旋作告示一件，至申刻畢，凡六條，約六百餘字。下半日與筱泉、少荃暢談，夜又久談，倦甚。酉、戌間小睡，不成寐。夜，早睡。老年心血日虧，凡用心作文一篇，輒覺困甚。本日作文，夜尚成寐，亦可喜也。

是日接家信，澄侯一件、夫人一件、紀澤一件，內附《魏徵論》並紀鴻兒詩文。（咸豐十年五月十八日）

評點

咸豐十年四月二十八日，曾氏在安徽宿松軍營接湖廣總督官文的咨文，告知朝廷任命他以兵部尚書署理兩江總督之職，火速帶兵援救蘇南。五月十五日，曾氏由宿松拔營，坐船由長江東下。十八日，因東北風大，船在老洲頭停了一天。這一天，曾氏寫了一篇六百餘字的告示。這種文字，現在的官員，即便是縣長一級的都不會親自握管了，自有筆杆子代勞。但曾氏用了大半天，直到下午三點多鐘纔完成。曾氏此時虛歲五十，自我感覺已是『心血日虧』困於作文的老年人，而這篇告示的寫作未給他帶來困倦，他爲之喜悦。這一天，他在途中接到夫人及兄弟兒子的家信，爲他的旅途帶來歡欣。日記提到『紀鴻詩文』。這是我們在現存的曾氏日記中首次見到『紀鴻』的字眼。借這個機會，我們來説説他。

曾氏的次子紀鴻，生於道光二十八年二月。此時的曾氏夫婦，已經在紀澤之後，一連生了四個女兒，十分盼望再生一個兒子。紀鴻的誕生，的確給他們帶來極大的喜悦，况且就在去年，曾氏已升爲內閣學士兼禮部侍郎銜，躋身朝廷大員的行列。又升官又生兒，真個是雙喜臨門。三十八歲的荷葉農家子，迎來一生最爲順遂的時期。

紀鴻滿月時，送賀禮的有十多家，曾氏陸續請酒答謝。又專門雇來一個壯健乳母。這些都是過去四個女兒降生時所没有的事。尤其是紀鴻還衹有一個多月時，曾氏便爲他物色妻子了。曾氏中意的是翰林出身的山西蒲州知府郭沛霖的女兒郭筠。郭氏湖北蘄州人，長紀鴻一歲。後來的事實證明，曾氏的這個選擇英明至極。郭筠可以算得上曾氏之後，爲曾家做出貢獻最大的人。

紀鴻天資聰穎，又好讀書，十五歲即考取秀才。十八歲時與郭筠完婚。紀鴻在四書五經之餘，酷愛算學，尤對圓周率的推算用功至勤，曾推算到小數點後一百位，在當時處於國際領先地位。但可惜的是紀鴻身體不好，患有肺病。同治七年十二月初二日，曾氏在日記中説：『夜至紀鴻户外，視其氣象委靡之至，心實憂之。』那時紀鴻不過二十一歲，可見其體質之弱。光緒七年三月十五日，曾紀鴻在京師病逝，時年三十四歲，留下四子一女，全交給了夫人郭筠。

郭筠生於書香門第，喜讀書，詩文俱佳，並有《藝芳館詩存》一書遺世。丈夫去世後，郭筠擔負起撫孤成立的重任。她的四子一女，日後均成爲人中精英。長子曾廣鈞從小便有神童之譽，二十三歲即點翰林，是晚清有名的詩人。次子廣鋐，曾做過湖北牙厘局總辦，湖北施鶴兵備道，署理湖北按察使。三子廣銓，三十三歲即爲出使韓國大臣，後來又做過雲南糧儲道、鹽運使等官。四子廣鍾成爲曾氏家族第一個基督教徒。女兒廣珊嫁紹興俞明頤，其子女俞大維、俞大絪、俞大綵都是民國名人。

曾紀澤在連殤二子之後，將紀鴻的兒子廣銓過繼，後生第三子廣鑾，承襲一等侯爵。但廣鑾無子嗣，長房紀澤的香火到此爲止。現今接續曾氏血脉的傳人，都是出自二房紀鴻。紀鴻的四個兒子，全是郭筠所生。從這點上看，郭筠的確爲曾氏家族建立了無人可取代的大功勞。

□大夫第規模壯麗

原文

早飯後清理文件。旋接胡宫保信，內有與陳作梅密信，因作梅已赴江西。余拆閱，中言沅甫鄉里之評如此，大非亂世所宜，公可密告滌丈箴規之云云。余因作梅在此數月，並未提及一字，不知所指何事。因問少荃曾聞作梅説及我家事否。

少荃言曾聞作梅説及沅甫鄉評不好。余細叩何事，渠言洪家猫面腦葬地，未經説明，洪家甚爲不服。洪秋浦有信寄余，其中言語憨直，因隱藏未經寄營。本縣紳士亦多見此信稿者，並勸余設法改墳，消患無形等語。又言沅甫起新屋，規模壯麗，有似會館。所伐人家墳山大木，多有未經説明者。又言家中子弟蕩佚，習於吹彈歌唱之風云云。余聞之甚爲憂懼。旋寫胡宮保信，寫凱章信。

中飯後，倦甚，眼蒙不敢作事，僅閱《穀梁傳》廿餘葉。傍夕亦倦。夜清理文件頗多。眼蒙殊甚。睡後，細思余德薄能鮮，忝竊高位，又竊虛名，已干造物之忌，而家中老少習於『驕』、『奢』、『佚』三字，實深悚懼。（咸豐十年九月二十八日）

評點

老九的爲人處世與他的大哥有很大的不同，時人説他是三如將軍：殺人如麻，揮金如土，愛才如命。這三如之人，應該是亂世中的產物，而擁有三如性情的人，也一定能在亂世中如魚得水，大顯身手。老九這種人，生在那樣的時代，真可謂生逢其時。上次老九回家前夕，大哥諄諄告誡他不可多置良田美宅、字畫書籍，希望他樹好樣子無驕矜之氣。老九全然不把大哥的苦口婆心當回事，回到家鄉後一概恣意作爲。從咸豐八年十月到咸豐十年九月兩年間，老九兩次回家長住。住家期間，老九爲曾氏家族辦了兩件大事，一是將祖父祖母的墳墓遷移到大界新塋，一是經營叔父的葬禮，同時也爲自家辦了一件大事：營造新宅。

恣意作爲的老九在辦這些事上招來了麻煩，這篇日記講的就是老九的麻煩事。猫面腦葬地一事，估計是仗勢欺負了洪秋浦家，將洪家的墳地强行拿過來埋葬他的叔父。此事引起洪家的强烈不滿。洪秋浦給曾氏的信類似於今天的公開信，衹是沒有讓曾氏本人看到而已。社會輿論顯然站在洪家一邊，對曾家頗爲不利。老九所建的新宅即有名的大夫第。大夫第規模的壯闊有點駭人聽聞。曾氏小女紀芬在《自訂年譜》中記道：『忠襄公於是年構新居，頗壯麗，前有轅門，後仿公署之制，爲門數重，鄉人頗有浮議，文正聞而馳書令毀之。』野史記載，彭玉麟曾私訪過大夫第。他看後很震驚，甚至想向朝廷去檢舉揭發老九。爲此事，彭還與老九結了怨。

老九在家中的這些作爲給胡林翼知道了，胡氏對曾家一向很好。他從愛護的角度出發，寫信給陳鼐（字作梅），要陳鼐把這些事密告曾氏，請曾氏規勸老九。爲什麼胡要陳鼐來轉告這些呢？

原來，陳鼐是個很會看風水同時也精於醫道的人。曾氏在咸豐十年二月初四日給老九的家信中説：『陳作梅極善看地，余請其二月至家。過路堂先塋撥字向時，或請作梅一定來。嘉灣家廟及新大夫第皆求作梅看。作梅有道之士，深於《易經》，醫理高精。若叔父病勢纏綿，作梅或可爲力。』過幾天，曾氏得知叔父去世的消息，立即給兩位兄弟寫信：『余請陳作梅赴湘鄉看地，請陽牧雲陪之。』由此可知，無論是猫面腦葬地，還是大夫第宅地，其選擇過程，陳作梅都參與了。就是因爲這個原因，胡林翼把荷葉一帶鄉間對老九的風評告訴陳。

胡所説的這些事應該是真的。多年後，曾氏在與心腹幕僚趙烈文的談話中也説到老九的任性、霸道，以至於『招鄰里之怨』，『大遺口實』。有意思的是，曾氏以及他的其他兄弟當年新建造的房子，現在都還存在，唯獨『規模壯麗』的大夫第早已殘破得衹剩下幾道斷壁破檐。這樣的局面，老九當時可能没有想到。

□默念祖父的三不信

原文

早飯後與尚齋圍棋一局。旋寫沅、季信一件，胡宮保信一件，季高信一件，雪琴信一件。見客二次，樹堂來久談。中飯後圍棋一局，與樹堂𠻘談，閱《淮南子·人間訓》，傍夕畢。夜閱《泰族訓》，未畢。是日天氣陰寒，朱墨皆凍。營中起屋一間，粗畢。夜寒异常，爲今年所僅見。鄧差官值日，頗能成寐。

默唸吾祖父星岡公在時，不信醫藥，不信僧巫，不信地仙，卓識定志，確乎不可摇奪，實爲子孫者所當遵守。近年，家中兄弟子侄於此三者，皆不免相反。余之不信僧巫，不信地仙，頗能謹遵祖訓、父訓，而不能不信藥。自八年秋起，常服鹿茸丸，是亦不能繼志之一端也。以後當漸漸戒止，並函誡諸弟，戒信僧巫、地仙等事，以紹家風。（咸豐十年十二月二十日）

評點

祖父星岡公是曾氏所崇敬的人物，尤其在治家這一方面，他要求家人『一切以星岡公爲法』。星岡公一生有三不信，即不信僧巫，不信地仙，不信醫藥。

所謂不信僧巫，即不相信和尚、道士、齋公、巫婆等人裝神弄鬼的法術。不信地仙，即不相信陰

陽風水師擇地求福保佑子孫的本事。不信醫藥，即不相信醫師藥物有起死回生的能力，尤其是不相信補藥有强身健體的功效。

在那樣的一個時代，星岡公以一農民的身份，能有這樣的見識，並能堅持實行，的確不同凡俗，怪不得曾氏敬重他。曾氏説自己能做到不相信僧巫、地仙，但没有做到不相信補藥，爲此心有愧疚。其實，曾氏也没有做到完全不信地仙，他要陳鼐專程去他老家看地，豈不是信地仙嗎？當然，對於地仙，他還是有個尺度的，他不迷信。他説墓地衹要是山環水抱藏風聚氣即好。

□聽從老九之勸移營

原文

早飯後，寫沅、季弟信。沅弟於十九早專二人送信，勸我速移東流、建德，情詞懇惻，令人不忍卒讀。余復信云：讀《出師表》而不動心者，其人必不忠；讀《陳情表》而不動心者，其人必不孝；讀弟此信而不動心者，其人必不友。遂定於廿四日移營東流，以慰兩弟之心。

旋寫毓中丞信，甚長。清理文件，圍棋一局，中飯又一局。再寫一信，交九弟專卒帶去。清理文件甚多。改摺稿一件，係報二月二十六歷口勝仗。習字一紙。小岑自歷口歸，與之𠻘談一切。是日招撫局信，言景德鎮之賊實已於十八日退净，爲之一慰，以未得左、鮑信，不敢深信。睡頗成寐。黄弁值日。（咸豐十一年三月二十一日）

評點

咸豐十一年六月中旬，曾氏率部從安徽宿松來到祁門，將老營駐扎在這裏。朝廷命曾氏火速帶兵救援蘇南，這與曾氏由西推進、步步爲營的戰略相左。但他又不能完全不理睬朝廷的命令，於是他將部隊向東挪動，做一個東進的樣子給朝廷看。老營扎祁門，並不是一天兩天，而是要較長時間地扎下去。但祁門這個地方是不宜久住的。薛福成在其所著《庸盦筆記》中記錄了時爲曾氏幕僚的李鴻章（《筆記》以『傅相』稱之）對此的看法：『既而文正進駐祁門。傅相謂祁門地形如在釜底，殆兵家之所謂絕地，不如及早移軍，庶幾進退裕如。文正不從，傅相復力爭之。文正曰：諸君如膽怯，可各散去。』

在李鴻章看來，祁門四面環山，祇有一條水路與外界聯係，猶如處於鍋子底部，若被包圍，則無路可逃，所以，兵家將它視爲絕地。李鴻章勸曾氏趕早遷移，以免不測。但曾氏不聽，反而認爲李鴻章等人是怕死，叫他們先走。事實上，老營中的不少人已借各種機會悄悄離開祁門。不久，李鴻章也乘因李元度事惹怒曾氏而離去。

祁門的確不宜駐扎老營，李鴻章的看法是對的。果然，太平軍在打下徽州府後，便向祁門進逼，情況危急。黎庶昌編的曾氏年譜是這樣敘述的：『是時皖南賊黨分三大股環繞祁門，欲以困公：一出祁門之西至於景德鎮，一出祁門之東陷婺源縣，復南竄玉山，一由祁門之北直趨公營。』『當其賊氛四逼，羽檄交馳，日不暇給，文報轉餉之路幾於不通，旬有五日之間危險萬狀，復值寒風陰雨。自治軍以來，以此時最爲棘迫之境矣。』幸而靠鮑超、張運蘭、左宗棠等人苦戰，纔使得太平軍沒有打進祁門。這是咸豐十年十一月間的事。到了咸豐十一年正月裏，太平軍又兵分兩路包圍祁門，『公老營單薄，人心震恐，居民驚走』。也多虧諸將苦戰，纔免於祁門被破曾氏被擒。

屯兵安慶城外的老九，當然深知祁門的困境，他也贊同李鴻章等人『絕地不可久居』的觀點，以十分懇切的言辭勸說大哥離開祁門。老九的信打動了曾氏，當然，兩次被圍的慘痛經歷更教訓了曾氏。他終於從錯誤中醒悟過來，三月二十六日，從祁門拔營，四月初一日抵達東流縣，遂將老營扎於此。

□兄弟談心

原文

早飯後清理文件，旋批定皖省漕務一案。巳初進城，行二十八里進南門，至沅弟公館看病，與之鬯談。中飯後又鬯談。見客數次。晏同甫來久談。

沅弟談久，稍發抒其鬱抑不平之氣。余稍阻止勸解，仍令畢其説以暢其懷。沅弟所陳，多切中事理之言，遂相與縱談至二更。其諫余之短，言處兄弟骨肉之間，不能養其生機而使之暢，遂深爲忠告曲盡。

三更二點睡。余因説話稍多，不能成寐。弟則不成寐者已六七日矣。（同治三年九月初八日）

評點

這是打下南京後，曾氏與老九的第二次見面。同治三年六月十八日半夜，曾氏接老九的信，得知南京已於十六日午刻攻破。這一夜，曾氏『思前想後，喜懼悲歡，萬端交集，竟夕不復成寐』。六月二十四日，曾氏乘火輪船離開安慶東下，第二天上午到達南京，與老九在城外軍營見面。七月二十日，曾氏離南京回安慶。這第一次見面，是去慰勞老九及吉字營的將士們。九月一日，曾氏再次離安慶前往南京，這次是搬家，將兩江總督衙門從安慶搬到它的本應所在地南京。這次坐的普通木船，一路上走了七八天，直到八日中午纔進南京城。兄弟倆在這一天裏説了很久的話。

老九向大哥發泄了他的『鬱抑不平之氣』。老九立下天下第一功，受封一等伯爵，是四海共仰的英雄，他爲何會『鬱抑不平』？原來，榮耀是表面，打下南京後，老九受到不少委屈，他内心裏很壓抑。首先，是南京城破後，讓李秀成保護幼天王逃走了。他沒有抓住首犯，却對朝廷説全部斬殺盡净，幼天王積薪自焚。不久，左宗棠向朝廷告發幼天王逃出南京一事，老九因此遭到朝廷指責。他心裏尤爲不快。還有，南京城破後，吉字營將士紛紛搶奪城内財物，這件事也讓人報告了朝廷。趙烈文在《能静居日記》中記載：『見七月十一日廷寄，内稱御史賈鐸奏，請飭曾國藩等勉益加勉，力圖久大之規，並粤逆所擄金銀悉運至金陵，請令查明報部備撥等語。曾國藩等以儒臣從戎，歷年最久，戰功最多，自能慎終如始，永保勛名。惟所部諸將自曾國荃以下，均應由該大臣隨時申儆，勿使驟勝而驕，庶可長承恩眷。』朝廷在這裏是直接點了老九的名，説他現在是『驟勝而驕』，若不自加警惕，有可能難以『長承恩眷』。一向心高氣傲的老九豈能受得了這口氣！

老九因此很鬱抑，并且由於精神上的鬱抑導致身體上的疾病。八月十四日，曾氏在給老四的家信中提到老九的近況：『沅弟濕毒與肝鬱二者總未痊癒。濕毒因太勞之故，肝疾則沅心太高之故。立此大功，成此大名，而心懷鬱鬱。天下何一乃爲快意之事？何年乃是快意之時哉？』

面對勞苦功高的九弟，做大哥的當然要竭力勸慰。但沒有幾天，老九便解甲歸田。其原因已在此中透露消息：如此心懷怨懣的軍事統帥，若不迅速離開軍營，面對着同樣情緒激憤的虎狼之衆，難保不出反常事態！

難得的是這次兄弟的交心暢談，還包括老九對他一向恭敬有加的大哥的諫諍。老九批評大哥什麽呢？曰：『處兄弟骨肉之間不能養其生機而使之暢。』這話有點晦澀，説得明白點，即曾氏作爲大哥，對諸弟的嚴厲、管束、要求、限制等等太多，不能使他們感到温情、體諒與關愛，再説得通透一點，即諸弟在大哥面前心情不舒暢。

老九的這番批評，讓我們看到曾氏性格中的缺陷，以及曾氏兄弟相處中的隱性一面。筆者感覺到，曾氏的幾個弟弟對大哥是敬而不親、尊而不洽。其實，這種狀況也是普遍的。凡理性過度、持重過度的父兄，都不可能與子弟有親熱融洽的情感。這或許也是一種無奈！

□立非常之功而疑謗交集

原文

早飯後清理文件。見客，立見者二次，旋與馮魯川圍棋二局。又見客，坐見者五次，立見者二次。閱張錦堂所爲《孝經釋疑》。小睡兩次。中飯後熱甚，不願治事，又與屠晉卿圍棋二局。閱本日文件。

接澄、沅兩弟閏五月初五、六日信，知沅弟近日害病，面色黃瘦，懸繫之至。立非常之勛績而疑謗交集，雖賢哲處此，亦不免於抑鬱牢騷。然蓋世之功業已成矣，寸心究可自慰自怡，悠悠疑忌之口祇可付之一笑，但祝勞傷積濕等病漸漸輕減耳。

核改陳國瑞批稿，改至二更四點未畢。睡不甚成寐。（同治四年六月初三日）

評點

老九於同治三年十月初一日離開南京，直到十一月十六日纔回到老家，沿途足足消磨了一個半月。同治四年三月，老九接到朝廷要他進京陛見的詔令，他以患病爲由拒絕北上。五月份再奉陛見之命，他再次置之不理。從這篇日記來看，老九的確也有病，但可知其身病不是主要的，關鍵在於心病，心病出於『疑謗交集』。

自古以來，帶兵在外打仗立功的將帥，少有不受疑謗的。老九處事任性又不拘小節，他和他的吉字營可疑可謗處甚多，除開前面評點中講到南京合圍不嚴、城破後打劫財物這兩點受到朝廷嚴責外，老九的軍營中袍哥勢力泛濫，也備遭詬病，有的人甚至懷疑剛受封一等男爵的吉字營大將蕭孚泗便是袍哥的頭目。這些議論也讓老九心情煩悶。離開南京回家前夕，曾氏借祝賀生日之由爲老九寫了十三首詩，其中有三首都是在爲老九解開這個心結的：

左列鐘銘右謗書，人間隨處有乘除。
低頭一拜屠羊說，萬事浮雲過太虛。

已壽斯民復壽身，拂衣歸釣五湖春。
丹誠磨煉堪千劫，不借良金更鑄人。

童稚溫溫無險巇，酒人浩浩少猜疑。
與君同講長生訣，且學嬰兒中酒時。

□喜得長孫

原文

早飯後清理文件。見客，坐見者三次，劉仲良自朱仙鎮來，談最久。接沅弟及兩兒信，知紀鴻兒於初十日子刻生一子，憂愁煎迫之時得抱孫之喜信，爲之一慰。

看人圍棋二局。祝爽亭來久坐，與幕友談三次。中飯，請劉仲良、黃翼昇便飯。飯後閱本日文件，圍棋二局。見客，立見者四次，坐見者二次。與幕友談三次。夜核批札各稿，核信稿二件。二更後小睡，三點後睡，三更成寐。醒三次，尚算美睡。（同治五年八月十九日）

評點

同治五年八月初九日，曾氏來到河南周家口，此地應屬捻戰前綫。與捻軍作戰，對於曾氏來說更不順利。他每天都在焦慮之中，何況此時他已五十六歲，身體很虛弱，已步入晚境。但這時他得到一個真正的大喜悅：虛歲二十的紀鴻有了長子廣鈞。據曾紀芬記載：曾廣鈞出生於湖北巡撫衙門之多桂堂。這年四月，歐陽夫人率全家回湘。此時老九已出任湖北巡撫，路過武昌時，全家在撫署住了下來。八月初十日，廣鈞降生於此。滿月後，全家再一道回湖南。儘管這時紀澤及諸女都已生了孩子，但或是孫女，或是外孫，能延續曾家香火的第三代長丁還是這位未來翰林詩人曾廣鈞，所以曾氏感到特別的喜悅。

五十多歲後，曾氏說自己已完全進入老年人的心態，唯一的願望的就是多看到孫輩尤其是孫男的出生。十多天後，他在日記中寫道：『夜接沅弟信，知甲五侄於八月初一日辰時生子，科三侄於初四日申時生子。先大夫於十日之内得三曾孫，真家庭之幸也。』甲五即國潢之長子紀梁，所生的兒子廣祚即著名化學家曾昭掄的父親。科三即國潢的第三子紀渠，後出撫給國葆爲子。侄兒們生兒子，一樣地也令曾氏高興。

□修建富厚堂用錢七千串

原文

早飯後見客，坐見者一次，立見者一次。清理文件。圍棋二局。讀《長楊賦》一半，畢。閱《聘禮》，畢。閱《公食大夫禮》。中飯後，寫少泉信一件，閱本日文件，坐見之客一次。寫對聯九付。傍夕小睡。夜，申夫來久談。旋核科房批札各稿。二更三點睡，三更後成寐。

是日，接臘月廿五日家信，知修整富厚堂屋宇用錢共七千串之多，不知何以浩費如此，深爲駭歎！余生平以起屋買田爲仕宦之惡習，誓不爲之。不料奢靡若此，何顏見人！平日所說之話全不踐言，可羞孰甚！屋既如此，以後諸事奢侈，不問可知。大官之家子弟，無不驕奢淫逸者，憂灼曷已！

（同治六年二月初九日）

評點

關於建富厚堂之事，筆者在前面的評點中已說過。從這篇日記中，我們可確知，以七千串錢的巨資新建住宅一事，曾氏事先確實不知。另外，我們也可以透過日記看到一個大家族中普遍存在的現象，即家人對家長的陽奉陰違。哪怕就是曾氏家庭，老爺子說過的話中，也必定有許多没被子孫們當作一回事的。

□紀鴻出天花

原文

早飯後清理文件。見客，立見者一次，坐見者一次，圍棋二局。旋又坐見之客兩次。寫郭雲仙信一封，習字半紙，閱《五禮通考》中《投壺禮》。倦甚，小睡。至幕府一談。中飯後尤倦，不能治事。余向於夏月飯後疲乏不振，蓋脾困也。至後園一閑游。閱本日文件。申正核批札、咨、信各稿，酉正粗畢。傍夕小睡。夜又核二稿，閱益陽民蔣於斯一冤獄案，復周縵雲信，批定書局章程。二更後，温《古文》識度之屬。三點後睡。

念鴻兒痘症用錢太多，恐情過於禮，蹈薄孝厚慈之譏，悚惕無已。（同治六年四月初九日）

評點

據曾氏日記記載，曾紀鴻同治六年三月十四日患病，十五日全身出痘。二十日，紀鴻不能進飲食，到二十一日開始有轉機，二十八日化爲平安。到四月初九，曾氏寫這篇日記時，曾紀鴻正處在調養之中。二十多天的時間裏，曾氏每天的日記都要提到紀鴻的病情，有時甚至是『心緒佛亂，謝絕諸客』。曾氏對這個小兒子的疼愛之情，溢於言表。當然，也怪不得他如此念掛，因爲紀鴻已是二十歲的成年男人，這時纔出天花，危險性較大。然而，在紀鴻痘症穩定下來後，曾氏又自我檢討，對於兒子之病，情感上的關注相對於父母而言，太多太厚了，恐遭受譏評。

人類社會有一個很普遍的現象，那便是憐愛幼小忽視老人。這裏面有明顯的功利因素：人類族群要靠幼小者日後來傳承與發達，而老人不久將離開人世。這裏面也有很明顯的情感因素：幼小者生機蓬勃形象可愛，而老人活力萎縮外表不美。當然還有許許多多的原因，使得『重小輕老』世代延續。正因爲此，人類社會的智者便提出尊老敬老贍養老者等一系列命題，以求給予這個社會的普遍現象以修補以矯正。中國古老的儒家學說，在這方面給人類文明作出了更多的貢獻。

作爲中國傳統文化的規範執行者，曾氏檢討自己爲兒子的操心費力遠遠過於對父母的關愛。從這點上看，曾氏是一個在情感上未脱離世俗的平凡人，但畢竟在理智上，他又高出平凡人。

□面諭紀澤戒驕

原文

早飯後清理文件。見客，立見者三次，坐見者二次。習字一紙，核對各摺、片。專差發年終密考等摺。圍棋二局。閱蘇詩七律十二葉。午正出門，拜客三家。至竹如處一談，至春織造處赴宴，申正歸。閱本日文件。至幕府一談。摺差自京歸，接京信多件。閱十二月邸鈔，核批稿各簿。四點睡，三更成寐，四更末醒。

是日閱張清恪之子張懿敬公師載所輯《課子隨筆》，皆節抄古人家訓名言。大約興家之道，不外內外勤儉、兄弟和睦、子弟謙謹等事，敗家則反是。

夜接周中堂之子文翕謝余致賻儀之信，則別字甚多，字迹惡劣不堪，大抵門客爲之，主人全未寓目。聞周少君平日眼孔甚高，口好雌黄，而喪事潦草如此，殊爲可嘆！

蓋達官之子弟，聽慣高議論，見慣大排場，往往輕慢師長，譏彈人短，所謂驕也。由驕字而奢，而淫、而佚，以至於無惡不作，皆從驕字生出之弊。而子弟之驕，又多由於父兄爲達官者，得運乘時，倖致顯宦，遂自忘其本領之低，學識之陋，自驕自滿，以致子弟效其驕而不覺。

吾家子侄輩亦多輕慢師長，譏談人短之惡習。欲求稍有成立，必先力除此習。力戒其驕。欲禁子侄之驕，先戒吾心之自驕自滿，願終身自勉之。

因周少君之荒謬不堪，既以面論紀澤，又詳記之於此。（同治七年正月十七日）

評點

大學士周祖培去世後，曾氏曾致信吊唁，又寄賻儀。周祖培的兒子文翕來信表示謝意，但信中別字很多，字迹又很惡劣，令曾氏不悦。曾氏推測，信是門客代書，主人並未過目。他早就聽説，周文翕平日眼界很高，喜歡譏評別人，而自己對待父喪這等大事，態度如此草率。他替貴爲人臣之極的周祖培嘆惜。

吊唁周祖培的人一定很多，請門客代書回信，原本也是可以的，没有一封封地過目，也情有可原，但周家不能對所有的回信，都取這種態度。不要説曾氏是當時功蓋天下的人物，即便從職務來説，也已位居體仁閣大學士。這樣特殊的人，周文翕理應親筆回信，至少應該仔細審讀門客的代擬。周没有這樣做，足見其不懂事理；而這種不懂事理，源於他的驕矜。曾氏在生氣之餘，聯想多多。

富貴人家的子弟多不成器，其原因主要有兩點：一是有所依恃，即依恃權勢，依恃錢財，於是膽大妄爲無所顧忌，自思即便出事也可以權勢錢財來擺平。一是性情驕縱。自小在優厚環境中長大，聽慣贊美之辭，自以爲了不起；又習慣於别人的百般呵護順從，亦不知克己自律。膽大妄爲、驕縱跋扈者何能成器？曾氏想到周家的這個大少爺犯的正是一個『驕』字。他深恐自家子弟也污染這種通病，於是以此爲例，當面教育隨侍身旁的兒子。

此篇日記中有『得運乘時倖致顯宦』八個字，很值得玩味。世上的達官顯宦，絶大多數都是因爲時運好的緣故，並非自己的本事就真的比别人高了很多；即便有真本領，得乘時運也是第一位的。故而晚年的曾氏多次説過這樣的話：『不信書，信運氣，公之言，傳萬世。』

□紀澤長女許與李季荃之子

原文

早飯後清理文件。坐見之客二次，立見者一次。習字一紙。圍棋二局。又坐見之客一次，立見者一次。已正核外海水師章程。劉省三、陳虎臣先後來，久坐。中飯後閲本日文件。李眉生、錢子密來，久坐。

申初，黄昌岐、龐省三來。紀澤之長女許字李季荃之子，是日定聘，黄、龐爲媒。申正後客退。寫掛屏二葉、對聯三付。課兒子背詩。傍夕小睡。夜核批稿各簿，改外海水師章程。二更三點睡。

（同治七年九月十二日）

評點

曾氏生前爲孫輩訂的親事祇有一樁，那就是爲長房長孫女廣璇訂婆家。

廣璇當時八歲，她的未來丈夫是李鴻章的三弟鶴章年方七歲的兒子經馥。在時人看來，這是一樁天造地設的好婚姻。李鴻章與其兄瀚章都官居總督，鶴章也因軍功擁有道員的資格，其三個弟弟也都非同一般。李氏家族已成爲排在曾家之後的第二大家族。李家兄弟衆多，其發展勢頭不可限量，大有超過曾家的可能。更令人羡慕的是曾李兩家的世交情誼。李家的老太爺李文安與曾氏同年中進士，李鴻章則是曾氏一生中唯一真正意義上的學生。李瀚章以拔貢取朝考一等，其房師即曾氏。曾氏在湖南組建湘軍之初，便調善化縣令李瀚章辦理後勤。至於委托李鴻章辦淮軍，力薦其做江蘇巡撫，爲李家衆兄弟登上歷史舞臺搭建階梯，則更爲世人所共知。

到了晚年，曾氏已清醒地看出李家强勁崛起的態勢，一再叮囑對李鴻章心存芥蒂的九弟：湘淮要連成一氣，曾李要聯成一家。將孫女許嫁李家，正是這種『聯成一家』思想的具體落實。

然而，後來的事實説明這個婚姻是不成功的。

首先是經馥不理想。生在豪門的李家少爺自幼身體羸弱且任性，少年時期放蕩不羈。其父死後，更無進取之心。曾紀澤出使歐洲，經多次致信他纔啓行，途經英國，翁婿一道游覽倫敦。有一天，經馥想家了，居然不顧岳父勸阻，就自行回國。仗着家資豪富，他多次捐巨款，纔得到一個三品銜。四十一歲那年便去世了。

其次是廣璇短命。她祇活了二十九歲便去世，也没有生育一個兒女。廣璇不得永年，原因自然是多方面的，但夫婿不理想，心情肯定抑鬱。長期抑鬱的人，豈能長壽？廣璇既未生育，曾家和李家即無血緣上的聯係。她一旦去世，曾李兩家這根聯結紐帶便完全斷了。所有這些，都是曾氏當初不可能料到的事。

曾氏有五個女兒，除開最小的紀芬外，其他四個女兒的婚姻都不好，其根本的責任當由『娃娃親』來負。『娃娃親』選的是家庭，而不是本人，家庭好不見得本人就好。富貴家庭出來的孩子，紈綺者居多，孱弱者居多。不幸的是，廣璇姑侄都碰上了。還是兒女長大成人後，自己選擇的爲好！

□唯一的照片

原文

早飯後清理文件。坐見之客一次，立見者一次。出門拜萬篪軒、李眉生，均未晤，已初歸。圍棋二局。核批稿各簿。見客一次。中飯後閱本日文件。

樹堂約吴子登來，以玻璃用藥水照出小像，蓋西洋人之法也。爲余照一像。

紀鴻之次子病，早間甚重，晚來輕減。余目蒙殊甚，雖《閱微草堂筆記》等閑書亦不能看，因在洋床上閉目小坐。傍夕小睡。夜温《古文》氣勢之屬，以眼蒙不能久看，閉目小坐。二更四點睡。眼病如此，便與盲人無异，爲之愧嘆。（同治十年三月二十六日）

評點

馮樹堂、吴子登爲歷史做了一件有價值的事，讓我們今天能看到曾氏的真容。此時的曾氏年已六十，到了明年二月，他便離開人世了。我們從這張照片上看到晚年曾氏的模樣：瘦削的長臉，三角眼，大耳、濃眉，絡腮鬍鬚又密又長，鼻梁略顯扁，兩翼法令深刻，額頭寬，有皺紋。仔細端詳，此照片的眉眼之間似乎有過加工。從整體來看，這張照片上的曾氏，不是一個慈祥、温婉的文臣，而是一個威嚴甚至有幾分肅殺之氣的武將。也可能他當時太拘謹了，也可能他平時就是這樣一副神態。總之，若從照片上來看，曾氏是一個不易接近的大人物。一般人在他面前，衹能心存怯意、敬而遠之。

曾氏毫無疑問是一個工作狂、事業狂，他是否也有業餘愛好、個人興趣呢？有。以筆者看來，他這方面的興趣愛好至少有三個：一是讀書，二是寫字，三是下圍棋。曾氏曾說過：『凡人高下視其志趣。』志趣即志向趣味，這方面決定一個人的品位。在一個群體，八小時工作之內，大家做着差不多的事情，八小時之外，各有各人的生活方式，故而看一個人的品位高下，最好的角度便在他業餘時的興趣愛好上。從讀書、寫字、下圍棋中，我們看到一個傳統中國士人的高雅情趣。

不過，曾氏是正途甲榜出身，又在翰林院供職長達八九年，除開下棋外，讀書寫字也可視爲他的主業。他本人對這兩件事也看得很重，並不滿足於做一個業餘愛好者。他甚至很想在這兩個領域裏卓然成家，而且要成大家。我們讀他下面這些話：『惟古文與詩，二者用功頗深，探索頗苦，而未能介然用之，獨辟康莊；古文尤確有依據，若遽先朝露，則寸心所得，遂成廣陵之散；作字用功最淺，而近年亦略有入處：三者一無所成，不無耿耿。』『通籍三十餘年，官至極品，而學業一無所成，德行一無可許，老大徒傷，不勝悚惶慚赧。』『余往年在京得以學書爲意，苦思力索，幾於困心橫慮。』曾氏對詩、文、字曾經下過的功夫，以及他的自我期許，已在這幾段話裏昭示明白。正因爲這樣，曾氏於治學、寫字便有很深的研究與體會，這些都可以給今人之啓迪。

曾氏的日記中，有不少篇幅提到寫字，我們將其中有深意者輯爲寫字類。

曾氏雖不能稱之爲第一流的書法家，但若稱之爲晚清著名書法家，還是名符其實的，況且他的書法鑒賞能力則完全可以稱之爲第一流。道光二十二年，何紹基的書法還不是很有名的時候，曾氏便斷言：『必傳千古無疑矣。』時至今時，我們大概不會對這句話表示懷疑。由此足見曾氏的書法鑒賞力。

那麽，曾氏對書法的鑒賞有秘訣嗎？他曾在一封給兒子的家信中說：『凡大家名家之作，必有一種面貌一種神態，與他人迥不相同。譬之書家羲、獻、歐、虞、褚、李、顔、柳，一點一畫，其面貌既截然不同，其神氣亦全無似處。本朝張得天、何義門雖稱書家，而未能盡變古人之貌，故必如劉石庵之貌异神异，乃可推爲大家。』原來，在曾氏看來，一般書法家與大書法家之間的區別，就在於是否有祇屬於自己而异於別人的一種神與形。這點確給我們指出書法鑒賞的津渡。

筆者是一個書法愛好者，從曾氏傳下來的關於寫字的文字中得到不少教益，其中受惠最大的一點是，知道用筆時握管宜高，高則手腕與筆杆都靈活，寫出的字則不僵硬。

閱讀曾氏日記，有兩點讓筆者很是感動。

一是曾氏曾經三次在夢中見到劉墉，并且與之長談，醒來後他還記得談話的部分内容。曾氏在日記中多次記下的同一夢中人，除他的至親祖父、父親外，再無別人。這説明劉墉在他的心目中有着特殊的地位。劉墉之所以能有這樣的地位，是因爲他是曾氏眼中真正的書法大家名家。溯其根源，還是出於曾氏對書法的愛。這種愛，頗有點接近於依偎、眷戀、痴迷。

二是他酷愛昔賢的法書、字帖，但他不着意收藏，我們從曾氏傳下的文字中，找不出曾氏花重金購買名書名帖的記載；尤其難得的，他多次拒收別人贈送的名貴書法作品。

□寫字須在三十歲前立定規模

原文

早，清理文件。飯後温《高祖紀》畢。見客三次。倦甚，小睡。中飯後，温《秦本紀》，至二更畢。見客，陶仲瑜來，久談。寫字、對聯、掛屏，共約四百字。燈後清理來文數十件。習字二紙。日内頗好寫字，而年老手鈍，毫無長進，故知此事須於三十歲前寫定規模。自三十歲以後祇能下一熟字工夫，熟極則巧妙出焉。筆意間架，梓匠之規也。由熟而得妙，則不能與人之巧也。吾於三四十歲時，規矩未定，故不能有所成。人有恒言，曰『妙來無過熟』，又曰『熟能生巧』，又曰『成熟』，故知妙也、巧也、成也，皆從極熟之後得之者也。不特寫字爲然，凡天下庶事百技，皆先立定規模，後求精熟。即人之所以爲聖人，亦係先立規模，後求精熟。即顔淵未達一間，亦祇是欠熟耳。故曰：夫仁亦在乎熟之而已矣。（咸豐九年四月初八日）

評點

在中國古代書法史上，曾氏雖然算不上第一流書法家，但他在書法史上無疑是有一席地位的。《中華書法篆刻大辭典》引用清人符鑄的話評論曾氏的書法：『曾文正平生用力至深，唐宋各家皆所嘗習，其書瘦勁挺拔，歐黄爲多，而風格端整。』所評大致允當。

曾氏有其自成一體的書法，在筆者看來，曾體有這麽幾個很突出的特點：剛勁、陡峭、謹飭、軒朗。這幾個特點，使得曾氏的書法在群星燦爛的名家中能卓然自立，自成一種神采，一番面貌。

遠在西周時期，貴族學校培養子弟便看重六門功課：禮、樂、射、御、書、數，其中的『書』便是寫字。因爲有這樣的傳統，中國讀書人一向重視寫字。中國科舉考試的最後一道朝考，也就是進士考翰林的那一道考試，其實考的是書法。曾氏朝考名列一等第二名。可見，曾氏在二十八歲的時候，字已經是寫得非比一般的好了。

曾氏一生愛好寫字。他對寫字下過很深的功夫，有很多的體驗與領悟。他的這些體驗與領悟，對於今天喜愛書法者仍有啓迪。可惜的是，曾氏早年的日記，重在修身，言及習字的文字幾乎見不到。從道光二十五年到咸豐八年之間的日記又没有系統保留下來。眼下看到的這一篇，算是他談寫字的日記中較早的一篇。這時的曾氏已有四十九歲了。正是因爲年紀較大，曾氏感覺到寫字時手鈍，從而感嘆：寫字這樁事，要在三十歲前立定規模。這裏説的規模，應該是指大的框架，或者可以説是能出大成就的基礎。三十歲之後，主要是一個熟字工夫，熟到極點，則巧妙自然就出來了。

曾氏説，筆意與間架，都屬於梓匠規矩一類，也就是説這些都是有形的，可以言傳手教，可以模仿。揣摸曾氏的意思，這些都在規模之列，都是在三十歲之前就應該完成的事。除開有形的外，還有無形的，不可言傳身教、不可模仿的，這就是所謂的巧。莊子説，輪扁可語人以規矩，不能喻之以巧。巧要靠什麽來得到？靠的是熟練。熟能生巧，天天練，日日寫，熟到極處，巧則出矣。曾氏説，不祇是寫字，天下庶事百技，都祇能走這條路，甚至修身希聖這種事，也要先立定規模，然後天天操習，時時不忘，將良好的品德化爲自然的習性，也便逐日接近聖賢了。孔子議論顔淵與其他弟子之間的區别：『回也，其心三月不違仁，其餘則日月至焉而已矣。』顔淵每天都不離開仁，其他人祇是偶爾想起仁而已，所以顔回可成爲復聖，其他人則不能。

□字字一律與始終一律

原文

早，各文武員弁賀朔，至巳正應酬畢。閲《後漢書》《文苑傳》、《儒林傳》。小睡。中飯後，與子序圍棋二局。旋寫對聯、匾額十餘件。

余近日常寫大字，漸有長進，而不甚貫氣，蓋緣結體之際不能字字一律。如或上鬆下緊，或上緊下鬆，或左大右小，或右大左小，均須始終一律，乃成體段。余字取勢，本係左大右小，而不能一律，故恒無所成。推之作古文辭，亦自有體勢，須篇篇一律，乃爲成章。辦事亦自有體勢，須事事一律，乃爲成材。言語動作亦自有體勢，須日日一律，乃爲成德。否則，載沉載浮，終無所成矣。

夜閲《梅伯言文集》。眼蒙，不敢注視。洗澡水多，甚愜快。是日酉刻，閲親兵操演。（咸豐九年六月初一日）

評點

這段時間曾氏寫字比較多，從『寫對聯、匾額十餘件』中，可知向他索字者頗多。中國人因爲看重字，故向來有求字的習慣。被求者無非是這樣幾種人：字寫得好的，社會地位高的，名氣大的。曾氏三者皆備，毫無疑問求字者衆多。爲人寫字自然是一件勞累事，但也有樂趣在其間。首先是有成就感的樂趣。再者，書法本身就是藝術品，足可以供自己賞心悦目。還有，在寫的過程中，也會促使自己的書法長進。曾氏就在這種常寫的狀態裏，感受到自己書法的『漸有長進』。但他自己看出了一個缺點：不貫氣，即氣勢不够連貫。貫氣，是書法作品裏的一個重要内涵。氣連貫得好，能使一字之中上下左右搭配和諧，能使一行之中氣勢相連，流暢綿延，能使一篇之中精神貫注，通篇呼應。所以，善書者莫不注重尺幅間的貫氣。

曾氏認爲字不够貫氣，是因爲不能字字一律的緣故：字體結構的或鬆或緊，筆勢上的或張或弛，不能保持一致。這樣，便顯得没有章法。由書法上的一律，曾氏想到作文、辦事以至舉止行爲上的一律。曾氏很看重這種一律，認爲能够做到一律的人，纔是能成大氣候的人。他一生努力於此，也大致做到如此，即便在軍營生涯中也能盡可能做到一律。僅此一點，便讓世人佩服不已。他的心腹幕僚趙烈文在《能静居日記》中説：『師則又規矩準繩，尺寸不失，日在師旅之間，集大功擒渠首，而始終不脱儒者氣象，使末世風氣不專注於武悍，其功至不可與擒渠掃穴同日而語，固非目睫之士所能操管而窺握籌而計也。嘗竊私議，在師左右久矣，仰見籌謀措置、餉源開節、吏治興廢，雖敻乎不可及，然猶思慮之所能到。惟横逆之來凝然不動，與飲食起居皆有時節，數十年不變，此二者烈輩畢生不可企及。』

趙烈文是個有心人，他觀察得既細又久，所以他看出了曾氏的細節。而正是這個『尺寸不失』的一律，乃曾氏异於常人之處，也是曾氏一生用功之處。所以，曾氏聽了這番話後説：『足下肯用心，故體察入微。』

當然，這個『一律』，是曾氏本人的審美觀，不見得就是審美的不二法門；他由此而推衍出的爲人處世觀，甚至也不見得就是爲人處世的不二法門。天下殊途而同歸，一致而百慮，條條道路都可以通向高峰，關鍵在於要堅持一條路，要將這條路走到底，不能多改多易。因爲人生衹有百年，年限是規定死了的，如果改易太多、折騰太多，則浪費太多、無用功太多，故而難以達到高峰。

□顏柳之書被石工鑿壞

原文

早，清理文件。飯後出門拜客，至未正歸。旋見客五次。申正倦甚，酣睡至燈初起。夜寫家信，澄弟一件、夫人一件，與季弟鬯談。是日，接寄諭一道，命派兵越境出剿皖南。

午刻，拜徐柳臣前輩，語及紀澤草字，深蒙許可。且言渠所見之人，未有廿一歲能及此者，余以不能沉雄深入爲慮。柳臣言作字如學射，當使活勁，不可使拙勁；顏、柳之書，被石工鑿壞，皆蠢而無禮，不可誤學。名言也。（咸豐九年七月十三日）

評點

這篇日記裏，曾氏談到他的長子曾紀澤的字。曾紀澤亦是中國近代有名的書法家。他的字靈秀圓潤、才華四溢，與其父風格迥异，但同樣都是上乘之書法。曾紀澤於寫字似乎有天賦。曾氏在道光二十四年十一月二十一日給祖父母的家信中説：『曾孫最好寫字，散學後則在其母房中多寫，至初更猶不肯睡，罵亦不止。目下天寒墨凍，脱手寫多不成字，兹命之寫稟當帖寄呈，以博堂上大人一歡笑而已。』

此時的曾紀澤不過一剛滿五周歲的小兒，竟然對寫字一事如此喜歡。天寒墨凍之時，猶願寫信給曾祖父母，足可證明喜好書法乃紀澤之天性。這是成就大書法家的根基。當然，若與鍾王顏柳等古人相比，曾紀澤後來的書法名望相差甚遠，即便與他的父輩何紹基比，也有較大距離。這之間固然有書法本身成就高下的原因，也有種種『詩外』的原因。一個人在藝術上的成名如何，最後都是各種原因的綜合。秦檜的書法很好，但在中國書法史上無地位，因爲他是大奸臣，人品這一點上欠缺了，總分不够。

日記中記録一個名叫徐柳臣的話，值得重視。曾氏稱徐爲前輩。可能徐是一位年歲較大的宿學，也可能是一位比曾氏早中進士的人。徐極力稱贊紀澤的草書，不排除有客氣的因素在内，但紀澤的書法，的確又以草書擅長，徐應是很有眼光的人。他説顏真卿、柳公權的書法，遭受石工的鑿壞，變得呆板了。這話説得極有見地。古代書法家的作品傳世，通常情形下，一靠帖，二靠碑。帖是木板印刷。木頭雕刻，比石工在石板上鑿字要容易些，故而刻出的字，與手迹的接近率比較高。碑上的字，若不是極高明的工匠，便衹能鑿形而難以鑿神。所以帖要勝過碑。我們讀顏真卿的祭侄帖，顯然比碑能更見顏氏的書風。

□守駿莫如跛

原文

早飯後清理文件。旋見客三次，内周瀚、劉兆璜坐頗久。寫九弟信一件、胡宫保一件。與尚齋圍棋一局，旋將九弟手卷寫畢。中飯後，見客四次，內黎世兄坐頗久。酉刻，李中夫來久談，傍晚散去。夜清理文件，寸心鬱悶异常。與尚齋圍棋一局，目蒙殊甚。

是日因寫手卷，思東坡『守駿莫如跛』五字，凡技皆當知之。若一味駿快奔放，必有顛躓之時；一向貪圖美名，必有大污辱之時。余之以『求闕』名齋，即求自有缺陷不滿之處，亦『守駿莫如跛』之意也。（咸豐十年九月二十六日）

評點

曾氏爲人辦事有兩個特別之處值得我們關注，一是求闕，一是拙誠。道光二十四年三月，三十四歲的曾氏在給諸弟寫信時說：『兄嘗觀《易》之道，察盈虛消息之理，而知人不可無缺陷也。』既然是人皆有缺陷，所以他滿足於缺的狀態，將居室名命爲求闕齋。這種求闕的思想指導他的一生。我們看他終生儉樸，終生自律，看他審慎地對待權力，甚至不接受黃袍加身的勸進，都可以從中窺視到求闕的身影。與太平軍的戰爭結束之後，他爲湘鄉昭忠祠寫了一篇文章。對湘勇十餘年的戰事作了一番回顧，最後得出這樣的結論：『吾鄉數君子所以鼓舞群倫，歷九州而戡大亂，非拙且誠者之效與？』『數君子』的首領自然是曾氏本人。他一向遵循『天道忌巧，天道忌貳，天道忌盈』的原則，忌巧忌貳的結果恰恰就是拙誠。

求闕與拙誠，不但指導着他的做人做事，也指導着他的審美。在書法藝術上，他崇尚樸拙之美。蘇軾有一首《和子由論書》，其中有兩句爲：『吾聞古書法，守駿莫如跛。』曾氏很贊同這種觀點。這種『跛』，其實就是『闕』與『拙』的另一種表述：華麗奔放難以持久，樸素古拙耐人咀嚼。

□退回劉墉翁方綱的摹本

原文

早起，接胡宮保信，內有恩秋舫觀察祥八月廿八日專人自京寄至湖北之家信一件。知逆夷在京城德勝門外；圓明園雖被焚燬，京城尚未大傷，和議已成；夷兵退回天津；京城九門，前閉其八，今已全開，買賣將次照常；鑾輿漸可還京云云。閱之差爲抃慰。

早飯後清理文件。旋寫季高信一件、毓右坪信一件。午刻倦甚，小睡。中飯後寫雪琴信一件。清理文件頗多。

黎壽民送手卷，係劉石庵、翁覃溪二公乾隆四十八年在順天闈中所寫，各臨《蘭亭》一本，又書詩跋甚多。余以其物尤可珍貴，璧之。又出其先人樾喬侍御詩稿，請爲訂定。閱至傍夕，不忍釋手。

夜與尚齋圍棋一局，閱《五宗世家》等篇。（咸豐十年九月二十七日）

評點

黎壽民給曾氏送來一幅手卷：劉墉、翁方綱兩人的《蘭亭序》摹本。乾隆四十八年順天鄉試期間，主考官劉墉、翁方綱在闈中空餘時，各人都臨摹了一遍《蘭亭序》。這件東西不知何故竟然轉到了黎家。對於書家來說，這是一件極爲珍貴的物品。劉、翁二位均是大書法家，臨的又是書聖的經典之作，堪稱稀世之寶。誰能不喜歡？何況送者又是故人之子。黎壽民之父黎樾喬，湖南湘潭人，官居監察御史，與曾氏交情甚密。道光二十八年，黎樾喬因仕途不順，辭官回里，曾氏還專門作了六首詩送他，說他們是『十年聚京輦，並頭相呴濡』。送禮的目的清晰而正當：請曾氏爲其父訂定詩稿。禮品珍貴、送禮者係舊交、目的單純，這樣的禮品可以收下，也應當收下，但曾氏沒有收，原因是禮物太珍貴了！這是曾氏的一個原則，他終生持守。我們說一個人的操守，就是說他的行爲準則。一個人能够守得住原則，便是有所守，有所守的人必定有所拒。守與拒之間，可以看出一個人志趣的高與下。

□世間尤物不敢妄取

原文

早飯後清理文件，與尚齋圍棋一局，寫左季高信、鮑春霆信。清理公牘甚多，至未初畢。中飯後，核改堅守景德鎮及洋塘勝仗摺稿，晡時畢。至朱雲崖等處小坐，談添親兵之事。夜改大赤嶺勝仗摺稿，至二更畢，倦甚。是日，霖雨竟日，夜間雨彌大，氣象殊不佳。接沅、季兩弟十八日信，亦以南岸爲慮。

是日，休寧瞿令福田送右軍帖一本，王夢樓跋斷爲淳化祖本，且定爲唐刻，考核未必確鑿，而神采奕奕，如神龍矯變，不可方物，實爲希世至寶。余行年五十有一，得見此奇，可爲眼福。瞿令又送趙侍制仲穆所畫飛白竹，上有施愚山、沈繹堂諸先生題跋，亦可寶也。余以世間尤物不敢妄取，審玩片刻，仍亦璧還。去年，黎令福疇送劉石庵、翁覃溪二公在闈中所書手卷，余亦璧却。此三件可稱祁門三寶。（咸豐十一年正月二十二日）

評點

此時的曾氏，正以兩江總督的高位，駐節安徽祁門。附近的休寧縣令瞿福田送來一本王羲之的字帖。著名書法家王文治（字夢樓）判斷此帖乃唐代所刻，爲淳化祖本。宋代淳化三年太宗皇帝收秘閣所藏歷史法書，命侍書學士王著編次，標明爲『法帖』，摹刻在棗木板上，拓賜大臣。

當時秘閣所藏的法書，其中大部分後來因時世變遷而下落不明，它的書法藝術靠着這些淳化刻本得以流傳下來，因此淳化法帖或稱淳化閣帖，在中國書法史上有着極高的地位。前些年，上海博物館曾以十多萬美金的代價，從海外購回數頁閣帖，可見其價值。王夢樓斷定這部唐朝刻的王羲之字帖就是淳化閣帖所收的本子，這部字帖自然也就極爲珍貴了。

這真的是一件寶物。我們看曾氏見到時的那種歡喜至極的心情：『神采奕奕，如神龍矯變，不可方物，實爲希世至寶。余行年五十有一，得見此奇，可爲眼福。』曾氏日記用這等神往的文字去稱贊一件物品，乃絕無僅有。曾氏爲何這樣喜歡？這是因爲它是曾氏眼中真正的寶貝。曾氏出身農家，終生保持儉樸的生活習慣，他既不貪愛金銀豪宅，亦不看重古董珍寶。他平生嗜好也很少，愛好書法，是他極少嗜好中的一個。瞿縣令給他送來這本唐刻王羲之字帖，應該說是恰如其分地投合了曾氏的愛好。

瞿爲什麼要這樣做，動機如何，我們不得而知。上司喜歡書法，於是送上一件書法中的極品，這是了無痕迹的官場往來：可以說是送禮，也可以說是行賄，但更有理由說是書法愛好者的正常交往。

曾氏不去考查瞿的動機。他『審玩片刻，仍亦璧還』，璧還的理由是『世間尤物不敢妄取』。用不着去思考對方送東西的背後緣故，衹是因爲這件東西太好了，我不敢平白無故地收取。這種思維方式與上篇之璧還黎壽民的手卷是一樣的，衹是『世間尤物不敢妄取』這八個字説得更爲經典。它值得我們每個人尤其是想要得到尤物，或有可能得到尤物的人們思考再思考。

世間尤物很多，財富、權力、地位、名望、珍寶、美女等等，是人們普遍喜愛的尤物，許多人終其一生，便是爲此而奮鬥。但曾氏告訴我們，這種尤物，是不可以妄取的。什麽是妄取？妄取就是不用正當的手段、不按規範的程序、不憑真實本領來獲取。不要沉迷於得到尤物的短暫喜悦中，要把眼光看得長遠些。妄取的尤物，你能守得住嗎？當你不能守住時，它給你帶來的痛苦，就要遠遠超過瞬間的歡樂。這没有别的原因，是尤物乃世俗所欲、衆生所念的東西，是爭奪的目標，是强弱拼殺的結果。你如果不能成爲爭奪過程中的始終强者，你便要付出弱者的代價。

□習字思與學不可偏廢

原文

早，朱雲岩出隊往援歷口。飯後圍棋一局。旋寫左季高信、毓中丞信、李輔堂信，清理文件。中飯時，小岑來，批春霆稟一件。飯後與尚齋圍棋一局。天雨不止，與小岑畧談甚久。傍夕，又與小岑圍棋一局。

夜温《古文簡本》。念韓公『周情孔思』四字，非李漢知之極深，焉能道得出！爲文者要須窺得

此四字，乃爲知本，外此皆枝葉耳。

習字一張。余往年在京深以學書爲意，苦思力索，幾於困心横慮，但胸中有字，手下無字。近歲在軍，不甚思索，但每日筆不停揮，除寫字及辦公事外，尚習字一張，不甚間斷。專從間架上用心，而筆意筆力與之俱進，十年前胸中之字，今竟能達之腕下，可見思與學不可偏廢。（咸豐十一年二月二十五日）

評點

孔子説『學而不思則罔，思而不學則殆』。衹讀别人的書而自己不思考，則容易迷惘；衹獨自思考而不向别人學習，則容易疑惑。孔子的意思是既要學習，又要思考，思學結合纔有成效。曾氏在自己的習字過程中也逐漸領悟了這個道理。

曾氏早年在翰林院曾很用功於書法，苦苦思索，但不得要領，字寫得很不滿意。他説那時是『胸中有字，手下無字』。這話的意思是腦子裏知道字應該怎麽寫，但寫出來的字與所想的相去甚遠，套用今天的話語即理論與實踐相脱離。近些年在軍營中，因爲時間緊，讀帖與思索都不是太多，但公餘堅持習字一紙，從不間斷，專心致力於字的結構，自己感覺無論是筆意即筆墨的意藴，還是筆力即筆墨的力度都在天天長進，十年前腦子裏所構想的字竟然能够成形於筆端。

曾氏於此再次深悟思與學即苦苦思索與身體力行二者不可偏廢。思與學必須同時並舉，這是一個真理，對於任何事情都是如此。後來，王陽明提出知行合一的觀點，也難説不是受到孔子的這種觀點的影響。

□含雄奇於淡遠之中

原文

早，出外查閱修碉工程。飯後清理文件。定進兵攻徽路徑，辦一札稿。旋習字一紙，寫零字甚多，寫凱章信一。中飯後寫九弟信、季高信一件。與歐陽小岑圍棋一局，又與之鬯談甚久。清理文件，積牘一清，惟未核各信稿耳。夜又寫零字甚多。日內頗好作字，皆寸大字，每日皆寫三四百不等。温《古文·傳志類》。

思作書之道：寓沉雄於静穆之中，乃有深味。雄字須有長劍快戟、龍拿虎踞之象，鋒鋩森森，不可逼視者爲正宗；不得以劍拔弩張四字相鄙，作一種鄉願字，名爲含蓄深厚，舉之無舉，刺之無刺，終身無入處也。作古文、古詩亦然，作人之道亦然，治軍亦然。（咸豐十一年二月三十日）

早飯後改摺稿一件，至午初方畢。旋寫沅弟信。小睡約二時許。中飯後改片稿一件，清理文件頗多。旋寫對聯一付，再清理文件。傍夕，温韓詩、蘇詩。夜寫零字。是日大西風暴。學使馬雨農來，久坐。

看劉文清公《清愛堂帖》，略得其冲淡自然之趣，方悟文人技藝佳境有二：曰雄奇，曰淡遠。作文然，作詩然，作字亦然。若能含雄奇於淡遠之中，尤爲可貴。

睡，不甚成寐。瞿弁值日。（咸豐十一年六月十七日）

評點

將這兩篇日記並列在一起來評點，是因爲這兩篇日記中曾氏所提出的『寓沉雄於静穆之中』，『含雄奇於淡遠之中』屬於同一個審美命題。筆者私意，從美學意境來説，『含雄奇於淡遠之中』這個提法更好，這是一個非常高的境界，值得我們認真咀嚼。

清代古文大家姚鼐在研究古文的時候，發現了文章有陽剛之美與陰柔之美的區别。他説：『文者天地之精英，而陰陽剛柔之發也……其得於陽與剛之美者，則其文如霆，如電，如長風之出谷，如崇山峻嶺，如决大川，如奔騏驥……其得於陰與柔之美者，則其文如初升日，如清風，如雲，如霞，如烟，如幽林曲澗，如淪，如漾，如珠玉之輝，如鴻鵠之鳴而入寥廓。』

姚鼐的這種發現，當然不是他個人的突發靈感。前代文學評論家劉勰、皎然、司空圖、嚴羽等人研究詩文風格時，已經注意到詩文風格有雄渾、勁健、豪放、壯麗與冲淡、高遠、飄逸、典雅的不同。姚鼐顯然汲取他們的成就，並從《易經》中的陰陽剛柔之道的闡述中得到啓發，將千姿百態的美文分成兩大類，分别以陽剛之美與陰柔之美來命名。即便如此，姚鼐之舉，仍然是中國古代美學史上的重大貢獻。

曾氏在古文寫作上服膺姚鼐，對姚氏的這個理論，他是很贊同的。他所提出的古文四象：太陽、少陽、太陰、少陰，顯然是對陽剛陰柔之美的繼承，且有自己的發揮創新。曾氏也將這種審美理念運用到書法上。這兩篇日記中所提到的沉雄、雄奇，是屬於陽剛之美的範疇；所提到的静穆、淡遠，則屬於陰柔之美的範疇。最爲可貴的是，曾氏認爲美的最高境界，是將陽剛與陰柔結合起來的美。如何結合，這就是他所說的『寓沉雄於靜穆之中』，『含雄奇於淡遠之中』。

細揣曾氏的文字，他的意思是把陽剛植於陰柔之中，也就是說陽剛爲裏爲骨爲神，陰柔爲表爲肉爲形，而不是相反。這一點很能給我們以啓發。曾氏認爲，這樣一種結合，不僅可施之於書法，也可以用之於詩文，同時也可以行之於爲人。在曾氏的眼裏，藝術之美與爲人之美是相通的，這就是廣義的人文之美。它必須陰陽結合，剛柔結合，而這種結合又必須陽剛爲裏、陰柔爲表，纔可以成爲其美，如果相反呢？他未說，想必他不認爲那是美。我們從他對李鴻章的評價：『才大心細，勁氣內斂』，以及容閎對曾氏本人的評價：『才大而謙，氣宏而凝』中都可以看到結合的形式。中國自古以來便有『內方外圓』的說法，使用最多的錢幣，也是以內方外圓爲構造形式。由此可知曾氏的這種觀點，體現的是中國人的審美觀。我們也可以從中窺探出中國傳統文化的精核。

□習字的路徑

原文

早飯後，圍棋一局。旋寫胡中丞信、左京堂信、沅弟信，清理文件。與筱岑暢談，即在渠船上寫零字甚多。中飯後圍棋一局。天氣陰森，竟日淫雨不止。余遍身瘡癢，坐臥不安。寫掛屏四幅、對聯三付，清理文件。傍夕在船尾亭上與申夫鬯談。苦雨十日，是夕微有霽色。夜寫零字甚多。

近來軍事無利，諸務廢弛，惟書法略有長進。大約書法不外羲、獻父子。余以師羲不可遽幾，則先師歐陽信本；師歐陽不可遽幾，則先師李北海。師獻不可遽幾，則先師虞永興；師虞不可遽幾，則先師黄山谷。二路並進，必有合處。杜陵言『書貴硬瘦』，乃千古不刊之論，東坡駁之，非也。

夜，通夕瘡癢，不能成寐，手不停爬。（咸豐十一年四月二十七日）

評點

在這篇日記裏曾氏談到自己習字的一些路徑。他以王羲之、王獻之父子爲書法藝術的旗幟。學王羲之一時難以接近，則先學歐陽詢；學歐陽詢一時難以接近，則先學李邕。學王獻之一時難以接近，則先學虞世南；學虞世南一時難以接近，則先學黄庭堅。曾氏認爲，先從李邕、黄庭堅開始，兩條路齊頭並進，總有一天可以接近王羲之與王獻之。爲什麼要這樣呢？爲什麼要將二王父子分開呢？

兩年前，曾氏在給兒子紀澤的信中談到書法的南北兩派，指出南派以神韵勝，北派以魄力勝；並告訴兒子，由虞世南往上追溯到王羲之、王獻之以及西晋及六朝諸賢，這就是世上所稱的南派。由李邕上溯到歐陽詢、褚遂良以及魏與北齊諸賢，這就是世上所稱的北派。其實，以南北兩派來代表神韵與魄力兩種書風，嚴格來講，也不十分準確。北派亦有神韵，南派亦有魄力。曾氏這段話的主旨，在於指出書法中的兩個法派：一以神韵取勝，一以魄力取勝。他將歐陽詢、李邕列爲北派，應是指他們以魄力取勝，通過練習魄力來接近王羲之。他將虞世南列爲南派，應是指他以神韵取勝，意謂通過練習神韵來接近王獻之。

正因爲南北兩派没有嚴格的壁壘，所以同是二王，他有時又將他們都看成南派，有時又要將他們父子二人區分一下，將父視爲更有魄力，而將子視爲更有神韵。總之，曾氏追求的是一種將魄力與神韵合爲一體的書風，也就是兩年前的那封家信中，他認爲『趙文敏集古今之大成』，即趙孟頫集南北兩派的神韵與魄力於一身。曾氏所説的『二路並進』，其實質便是神韵與魄力二者兼攻。

曾氏贊賞杜甫所説的『書貴瘦硬方通神』的話，這正是曾氏自己的書法風格：剛硬瘦勁。蘇東坡不贊賞瘦硬之説，他本人的字也顯得較爲豐腴。其實，這衹是審美取向的差异。字無論瘦也罷，肥也罷，衹要有神韵與魄力在其中，就都是好字；反之，即便再瘦再硬，也未必能通神。

□點珠畫玉體鷹勢龍

原文

早飯後寫《箴言書院記》，行書，約徑寸大。旋因房中蓋瓦不能坐，遂至小岑房，與圍棋一局。旋又寫《書院記》，至未正寫畢，專一戈什哈送去。寫胡中丞信一，又送祁門野術二兩四錢，以渠有書來索取也。旋清理文件，至酉正畢。是日天氣亢熱，甚不耐煩。寫《箴言書院記》甚不稱意，本擬於下半日另寫一通，因亢熱煩躁，汗流不止，遂不復寫。

因困橫之餘而悟作字之道：點如珠，畫如玉，體如鷹，勢如龍，四者缺一不可。體者，一字之結構也；勢者，數字數行之機勢也。

夜熱甚，意緒少佳，與小岑久談。睡不成寐。黄弁值日。民間失火，起視二次。（咸豐十一年七月初五日）

評點

近十天來，曾氏冒着酷暑，在軍書旁午之際，完成一樁大事：寫作《箴言書院記》，並將此文親自書就，以供書院勒石刻碑。箴言書院，是湖北巡撫胡林翼爲家鄉建造的一所學校。之所以取名爲『箴言』，是因爲其父胡達源有一部《弟子箴言》，係胡達源用以教導子侄學生的課本。胡達源乃探花出身，官居詹事府少詹事，是曾氏的前輩。曾氏在京中時，與胡家走動密切。道光二十一年五月，胡達源去世，曾氏前去吊唁並送殯。毫無疑問，曾胡之間日後的親密戰友情誼，是早年京師友情的必然結果。

對於胡林翼的這個義舉，曾氏從心中予以欽佩，因爲他深知教育的重要性。他在《箴言書院記》中寫道：『竊嘗究觀夫天之生斯人也，上智者不常，下愚者亦不常，擾擾萬衆，大率皆中材耳。中材者，導之東而東，導之西而西，習於善而善，習於惡而惡。其始曈焉無所知識，未幾而騁耆欲，逐衆好，漸長漸貫，而成自然。由一二人以達於通都，漸流漸廣，而成風俗。』所以，教育是最重要的，賢者也便負有教育大衆的責任。正是出於這種認識，當然，也有出於對胡氏的情誼，曾氏很認真地來做這樁事。除此之外，曾氏强忍亢熱來做此事，還有一個很重要的原因，那就是他知道胡林翼業已病重（日記中提到寄祁門野術一事，即是因爲胡的病情嚴重），此事不能拖延。他的這篇書院記要讓胡生前看到。果然，一個多月後，胡林翼便病逝於武昌。

這一天，在汗流不止中，曾氏將《箴言書院記》書寫一通。但他對書法不滿意，因天太熱，心情不佳，也便不寫了。休息之餘仍在思索着書法一事，並有所領悟。他將這些領悟歸納爲四句話，十二個字：點如珠，畫如玉，體如鷹，勢如龍。所謂點如珠，當指點應像珠子一樣的圓潤；畫如玉，當指筆畫應像玉一樣流暢；體如鷹，當指結構應如鷹隼一樣地内蓄張力；勢如龍，當指布局應如蛟龍一般氣勢騰躍。

曾氏喜歡亦擅長歸納，隨時將自己的所悟所得，用簡潔準確的文字記録下來。當然，這亦得力於他過人的文字功力。

□七均師無聲，五和常主淡

原文

早飯後圍棋二局，寫沅弟信一封，見客三次。令李少山等解米糧、子藥赴王家套、羅昌河，接濟廬江一軍。習字一紙，清理文件，寫毓中丞信一。中飯後，圍棋一局，寫單地山信一。清理文件甚多，本日地方新到之件，尚未閲畢。酉刻，寫閻丹初掛屏四幀，約四百字。夜温趙廣漢、尹翁歸、韓延壽傳，寫沅弟信一。睡後，三、四更不成寐，五更頗成寐。

本日作行書，能攄寫胸中跌宕俊偉之氣，稍爲快意。大抵作字及作詩古文，胸中須有一段奇氣盤結於中，而達之筆墨者却須遏抑掩蔽，不令過露，乃爲深至。若存絲毫求知見好之心則真氣渫泄，無足觀矣。不特技藝爲然，即道德、事功，亦須將求知見好之心洗滌净盡，乃有合處。故曰七均師無聲，五和常主淡也。本日，接奉批論旨，係八月初二日所發一摺一片。（咸豐十一年九月十二日）

評點

今天曾氏寫了一道行書，因爲能够抒發胸腔中的跌宕俊偉之氣，有一種快樂之感。他由此而感悟：作字以及作文吟詩，胸中須得有一股强烈的氣勢蓄積，但是表達在筆墨之間則宜含蓄蘊借，不要讓它過於顯露，若是存在絲毫爭强好勝顯擺炫耀之心在内，則真元之氣泄漏，作品便不足觀。不獨從藝是這樣，爲人做事也應如此。胸中存豪邁之志去做，外表則要全部去掉顯炫之態，如此方纔和宜。所以，前人説宫、商、角、變徵、徵、羽、變宫七種聲音以無聲爲師，甜、酸、苦、辣、咸五種味道以淡味爲主。以無爲師，以淡爲主，這種理念顯然出於老莊之學。

老子曰：『天下之物生於有，有生於無。』無乃萬物生息之本。從這個認識出發，老子認爲：大方無隅，大音希聲，大象無形。無論何種美聲，都比不過無聲；無論何種美味，都比不過無味。老莊『無勝有』的思想，粗看起來似乎荒唐無稽，細細咀嚼，可知其思想深刻。

老莊思想産生於人類活動過於頻繁過於劇烈的競爭時代，人們普遍相信强力作爲可以改變一切實現一切，老莊從人類與自然、個人與社會的關係這個大本大源出發，認爲許多的强爲實際上是沒有用處的，最終是改變不了人類與自然、個人與社會之間的根本態勢。在儒家、墨家等强烈用世學説積極推行之際，老莊的出世學説是一種制衡之力，是一劑清醒之藥。從這一點來説，它是深刻的、有價值的。當然，老莊的許多主張是偏激的是極端的，這就決定了它難以爲普世接受。但善思者却可以透過它的偏激極端，感受到大智慧的光輝。

曾氏從自己的坎坷經歷中，最後終於領悟老莊的這種大智慧。他不僅將老莊大智慧用之於做人辦事上，也以它點化自己的審美觀。『寓沉雄於靜穆之中』、『含雄奇於淡遠之中』等等，都讓我們想起這種大智慧對他的啓迪。

□剛健婀娜缺一不可

原文

早飯後圍棋一局，見客三次，清理文件。聞雪琴昨夜宿黃石磯，本日將到安慶，余出城迎接，至鹽河座船等候，數刻不到。前季弟代余買一婢，在座船之傍，因往一看視，體貌頗重厚，特近痴肥。戈什哈楊龍章回言，雪琴尚須下半日乃可到。余仍進城回公館，習字一紙。探馬報雪琴將至矣，余再出城迎接。至中途，則雪琴已登岸，輕裝徒步入城，城外迎候者皆不知也。余回公館，雪琴已在座久矣，與之鬯談。旋同中飯，邀鮑春霆、李申夫、隋龍淵等便飯。

飯後，鬯談片刻，圍棋一局。寫季弟信一件，清理文件，寫掛屏三幅、對聯一首。夜與雪琴鬯談，又觀渠畫梅蘭二幅。二更盡睡，不成寐，因本日説話太多也。瘡癢异常。

日内思作字之道，剛健、婀娜二者缺一不可。余既奉歐陽率更、李北海、黃山谷三家，以爲剛健之宗，又當參以褚河南、董思白婀娜之致，庶爲成體之書。

是夜接六安州牧鄒筠稟，言苗沛霖破壽州後，不殺翁中丞，且請翁奏明朝廷，表苗黨並非叛逆云云。天下事真愈出愈奇矣。（咸豐十一年十月初十日）

評點

先前的日記中，曾氏談到氣勢與神韵，這篇日記裏他又説到剛健與婀娜。寫字，用筆剛健纔會有氣勢，運墨婀娜纔會有神韵。所以，可以將剛健與氣勢視爲同一個語境，而將婀娜與神韵也視爲同一個語境。他把歐陽詢、李邕、黃庭堅奉爲傚法剛健的宗師，又以褚遂良、董其昌的婀娜韵致爲參本，如此可以將自己的書法技藝提高到一個新的境界。在曾氏的眼裏，趙孟頫算是達到這種境界的大師，但我們不能不感到遺憾：曾氏終其一生也未達到趙孟頫的境界。曾氏的書法，以剛健見長，婀娜欠缺。

□每日臨摹，常有長進

原文

早飯後，曹西垣來久坐。陳虎臣來，吳竹莊來，並有事商談。清理文件，習字一紙，核改摺稿二件。中飯，將左季高援浙摺改畢。與弢甫圍棋一局，寫對聯數付。傍夕至少荃處鬯談。午刻，寫雪琴信一件。夜清理文件頗多，至二更二點畢。三點後睡，不甚成寐。而遍身之癢略愈，蓋本日服弢甫之方藥，皆生地、連翹、防風等苦凉之品，或足以醫血熱之症也。

是日與虎臣談修己治人之道，止勤於邦、儉於家、言忠信、行篤敬四語，終身用之，有不能盡，不在多，亦不在深。二更後，與弢甫鬯談近世賢者，如林文忠、周文忠、鄧嶰筠之屬，平日學行、襟懷甚悉。

日内作書，常有長進，蓋以每日臨摹不間斷之故。

接季弟信，知沅弟於廿八日自長沙起行歸矣。（咸豐十一年十一月初九日）

評點

曾氏此時已五十一歲，寫了四十多年的字，有心於書法也有二十多年的歷史了，但他一旦每日臨摹不間斷時，書法藝術仍然能有『常有長進』的感覺。可見書法這門藝術，是要不間斷地臨摹前人的。曾氏每日臨摹哪些人的作品呢？我們從前面日記中可知，主要是歐陽詢、柳公權、李邕、董其昌、黄庭堅、趙孟頫、王獻之、王羲之等人的碑帖。

□節與勢

原文

早飯後見客一次，旋清理文件。與筱泉圍棋一局，又觀筱泉與石洲圍棋一局。雪琴來久談。閱《通典·兵類》十五葉，寫沈幼丹信九葉，申刻始畢。清理本日文件，再閱《通典》數葉。奇熱异常，汗下如雨。傍夕至幕府久談。燈後，在庭院小睡，令人摇扇。二更後，清理批札各稿。

讀《孫子》『鷙鳥之疾，至於毁折者，節也』句，悟作字之法，亦有所謂節者，無勢則節不緊，無節則勢不長。（同治元年七月二十三日）

評點

《孫子兵法》中的《勢篇》説：『激水之疾，至於漂石者，勢也；鷙鳥之疾，至於毁折者，節也。』這兩句話的意思是説：湍激的流水甚至可以將石頭衝動，是因爲它憑着高處流下而擁有一股勢力；鷹隼的强大有時可以將别的物體摧毁，是因爲它能依據當時的情形預先積蓄一股力量。

曾氏這段時期一直熱衷於書法藝術的提高。身爲對太平軍作戰的最高統帥，他讀《孫子兵法》，没有將它運用到東南戰場的軍事思考，而是給他的書法藝術帶來啓迪。他從這兩句話中領悟到寫字的訣竅：如果没有一股氣勢，則積蓄也不可能很大；反之，如果不積蓄，則氣勢也不可能保持得長久。

曾氏畢竟是一個翰林出身的文人，兵書給他的啓發，竟然更多地是在讀書寫字上。

□書法的陽德之美與陰德之美

原文

早飯後清理文件。旋將金安清應賠款項至幕府核算，將摺稿酌改數次乃定。圍棋一局，見客一次，寫沅弟信一件。中飯後核改信稿，閲本日文件。傍夕發報一次。夜核批札各稿，改信稿數件。三更睡，五更醒。

偶思作字之法，亦有所謂陽德之美、陰德之美。余所得之意象爲『陽德之美』者四端：曰直，曰觩，曰勒，曰努；爲『陰德之美』者四端：曰骫，曰偃，曰綿，曰遠。兼此八者，庶幾其爲成體之

書。在我者以八德自勵，又於古人中擇八家以爲法，曰歐、虞、李、黄、鄧、劉、鄭、王。（同治元年十一月二十七日）

評點

曾氏曾把文章中的陽剛之美概括爲四點，即雄、直、怪、俄，並分別以十六字予以展開説明。簡單地説，在曾氏的心目中，具有雄偉、暢通、怪誕、高昂等特色的文章，都是陽剛之美的表現。他也以四點概括文章的陰柔之美，即茹、遠、法、適，同樣也分別以十六字來較詳細地説明。這四點我們也可以用較爲通俗的詞語予以表達，即含蓄、淡遠、簡潔、恬静。在探討書法藝術之美時，曾氏也想到八個字，即以直、觖、勒、努來描繪陽剛之美，以骫、偃、綿、遠來狀摹陰柔之美，惜乎曾氏没有展開。

以筆者之愚見，所謂直，指的氣勢貫通，與文章中的『直』意思是一樣的。觖，弓繃緊時的模樣，當指結體的緊嚴。勒，按永字八法中所説的，是指『横』筆的書寫。曾氏在教兒子紀澤寫字的家信中説『横』應該有三次换筆，第一次换筆：『右向上行，所謂勒也。』努，永字八法中説的『直』筆的書法。曾氏在同一封信裏説到『直』筆中兩换筆，第二次换筆：『上向左行至中腹换而右行，所謂努也。』换筆猶如换氣，當指氣力的重新集結。曾氏或許是説在『横』『直』筆畫的書寫時，應當有强勁的氣力表現出來。這些都是陽剛之美的要點。

至於陰柔之美，他説的骫，當指彎曲處；偃指似有似無的聯結處；綿即軟，指的是用筆的柔和；遠即淡遠，指字意藴的清淡悠遠。在曾氏看來，從這八個方面能够分別看出書法藝術的剛勁之美與柔和之美。

曾氏認爲古人中歐陽詢、虞世南、李邕、黄庭堅、鄧石如（兩彈元勛鄧稼先的六世祖）、劉墉、鄭燮、王文治的書法能分别體現直、觖、勒、努、骫、偃、綿、遠八種藝術風格。他亦時常臨摹揣習，以求提高自己的書法水平。

□着力與不着力

原文

早飯後清理文件。旋見客，坐見者三次，立見者二次。習字一紙。閲《公羊傳》，因邵陽魏彦將汪刻《公羊》新作校勘記，故閲之也。已刻，小睡一時許。午刻核批札稿，寫對聯五付、掛屏一幅。中飯後至李眉生處一坐，閲本日文件甚多。湖北舒副都統保於四月廿一日在德安陣亡，鄂省軍事頗爲可慮。酉刻再閲《公羊》，圍棋一局。傍夕小睡片刻。夜又閲《公羊》，自『隱公』至『文公』皆已閲畢。

寫零字甚多。因悟作字之道，二者並進，有着力而取險勁之勢，有不着力而得自然之味。着力如昌黎之文，不着力如淵明之詩；着力則右軍所稱如錐畫沙也，不着力則右軍所稱如印印泥也。二者闕一不可，亦猶文家所謂陽剛之美、陰柔之美矣。

近日治事極少，於『勤』字相反，深以爲歉。（同治三年五月初三日）

評點

在寫零散字的過程中，曾氏又悟出一個書法藝術上的道理：有的字看起來很着力，在謀取驚險强勁的氣勢，如同韓愈的文章。有的字似乎不着力，好像得到自然天成的趣味，如同陶潛的詩。王羲之將着力比之爲以錐畫沙，不着力如印章壓在印泥上。二者都呈現出美感，這就是文章中的陽剛之美與陰柔之美。

天地之間的美有多種形式，粗略地區分，可分爲兩大類：壯美與優美。天與地，則天爲壯美，地爲優美；山與水，山爲壯美，水爲優美。日與月，則日爲壯美，月爲優美；晴與雨，則晴爲壯美，雨爲優美。男與女，則男爲壯美，女爲優美。文之陽剛與陰柔，則陽剛爲壯美，陰柔爲優美。詞之豪放與婉約，則豪放爲壯美，婉約爲優美。論到書法，曾氏在這篇日記中所説的着力爲壯美，不着力爲優美。他在前面中所説的沉雄、雄奇、剛健等都可歸於壯美一類，而静穆、淡遠、婀娜等則可歸於優美一類。他説的含雄奇於淡遠之中，則是將壯美與優美結合起來，以壯爲裏，以優爲表。

□欲落不落欲行不行

原文

早飯後清理文件。旋見客，坐見者二次，立見者二次。請醫來診視女兒之病，連診四次，中唯劉開生、歐陽小岑係余親陪至内室。又立見之客二次。寫彭杏南信一封。小睡片刻。午初核科房批稿，寫對聯四付，與龐省三一談。又小睡片刻。

中飯後，閱桐城吴汝綸所爲古文，方存之薦來，以爲義理、考證、詞章三者皆可成就，余觀之信然，不獨爲桐城後起之英也。

閱本日文件。天氣酷熱，又小睡片刻。酉正核批札、信稿頗多。傍夕至幕府一談。夜温古文《史記》數首。

因憶余論作書之法，有『欲落不落，欲行不行』二語。古文吞吐斷續之際，亦有欲落不落、欲行不行之妙，乃爲藴藉。

是日燈時，發報三摺、二片、二清單。（同治三年五月二十七日）

評點

曾氏於書法之道又悟出『欲落不落，欲行不行』八個字。他認爲，文章在吞吐斷續之際，也有這種機奥在内。他將它視爲藴藉。筆墨之間，看起來像是停止了，却又未停止；看起來像是啓行，却又未啓行。這與文章中似吞又吐、似吐却吞、似斷又續、似續却斷的奥妙很相似。這些東西，説起來有點玄虛，其實在自然界、藝術境界中都有，這就是白居易所説的『此時無聲勝有聲』。最先看到並研究它的當屬老子。老子提出的『有』與『無』之間的相輔相成，是人類最早對於此種現象的智慧思考。

□觀賞宋拓閣帖

原文

早飯後清理文件。旋見客，坐見者三次，立見者三次，衙門期也。圍棋二局，潘伊卿來一坐，閱《漢書·五行志》十二葉，核科房批稿。中飯後至城北潘宅吊喪。前任雲貴總督潘公鐸，字木君，謚忠毅，在雲南殉難，本日靈柩到籍也。申初歸，閱本日文件。在李小湖處借得宋拓閣帖，觀玩良久。核批札各稿。傍夕小睡。夜核批稿、信稿，二更後温《詩經》數篇，四點睡。內人病已數日，醫治無效。（同治四年三月初十日）

評點

曾氏在江寧城裏有一個往來較多的好朋友，此人爲鐘山書院的山長李小湖。能做鐘山書院的山長，一定是個飽學之士。他送曾氏的個人文集，曾氏在日記中也多次提到過，足見其文章也寫得好。不過，曾氏與他往來頻繁，應該還有一個重要原因，即他是大書法家李春湖的兒子。

曾氏在同治六年十一月初十日的日記中寫道：『偶思作字之法可爲師資者，作二語云：時賢一石兩水，古法二祖六宗。一石謂劉石庵，兩水謂李春湖、程春海；二祖謂羲、獻，六宗謂歐、虞、褚、李、柳、黄也。』曾氏將李春湖與王羲之父子、歐陽詢、虞世南等書法大家並列，並表示要以他爲師，足見對李春湖的崇仰。曾氏一般不接受别人的贈禮，但在這個月二十三日的日記中有『夜寫零字甚多，小湖贈以其父春湖先生所製羊毫，一試之也』的記載，可知他接受了李小湖所送的羊毫筆，並使用了。

除開毛筆是小禮品，可以坦然接受外，應當還有對李春湖的一片敬仰之心在內，何況此筆是李自己所製的！今天他在家長久地觀賞從李家借來的字帖，似應也有這份心情在內。這份字帖，就是前面提到宋代淳化年間太宗皇帝親自主持刻印的閣帖，是很珍貴的物品。

□內跌宕外拙直

原文

早飯後清理文件。旋見客二次，談頗久，圍棋二局。旋又見客二次，閱《職官考》二十葉。午初小睡。中飯後與幕友久談。旋閱本日文件，寫對聯五付、横幅一幀，約二百餘字，核批札、信稿。傍夕與幕友久談。

夜寫零字頗多，略有所會。於昔年『體如鷹』四句之外又添四句，曰：『點如珠，畫如玉；體如鷹，勢如龍；內跌宕，外拙直；鵝轉頸，屋漏痕。』閱《亭林文集》二十餘首。二更三點睡。（同治五年三月十三日）

評點

五年前，曾氏於字的點、畫、結體、氣勢有如珠如玉如鷹如龍的領悟。今天他又在寫字的過程中，於書法藝術有新的體會。他以文字表述爲：內跌宕，外拙直，鵝轉頸，屋漏痕。

以筆者的淺見，內跌宕，當指字的筆畫、結構有變化，也就是說有自己的特色。曾氏一向認爲大的書法家應當有自己的一番面貌神態，也就是他對兒子所說的『凡大家名家之作，必有一種面貌一種神態，與他人迥不相同』。外拙直，當指字的形式感應是拙直的。拙直，這是曾氏的審美取向，他視樸拙、挺直爲美。我們看曾氏本人的書法，的確顯露的是一種拙直的美。鵝轉頸，當指轉彎處須像鵝扭動頸脖一樣，生動自然，不可僵硬。屋漏痕，說的是直畫應如漏雨在墻壁上留下的痕迹，蜿蜒下注，不是筆直的一條。

□龍戲鷹搏

原文

早飯後清理文件。見客，坐見者二次，圍棋二局。

習字一紙，悟古人用筆之法，戲爲詩二句云：『龍作欠身戲海水，鷹揩倦眼搏秋旻。』

閱《學校考》二十餘葉。午刻小睡，成寐。午正，請子密、摯甫等中飯，飯畢熱甚。閱本日文件，又圍棋二局，黃軍門翼昇自金陵來久談。旋核批札稿，未畢。軍門又來，與之同至廟外觀新麥登場，燈後便飯。潘琴軒來一談。

客去，改信稿數件，約三百字。二更三點睡。（同治五年四月三十日）

評點

曾氏本質上是一個文人、詩人。早年在京師，便自認爲已得詩文寫作的機奧，恨當世無韓愈、王安石一流人與之對話，頗有幾分文人的自負與傲氣。晚年在軍中，每臨危險時，他自稱死不怕，衹是自己多年探索的古文寫作之得將如廣陵散一樣失傳，足見他心底深處的追求所在。正是出自這種文人積習，他將先前所悟的體如鷹、勢如龍又以詩句的形式來表達：『龍作欠身戲海水，鷹揩倦眼搏秋旻。』當然，這裏的『欠』、『戲』、『倦』、『搏』等字形象生趣，比起前面的三字訣來說，自然是內涵豐富得多。

□楷取橫勢行取直勢

原文

早飯後清理文件。見客，坐見者一次，立見者三次。圍棋一局，又觀人一局。閱《封建考》三十餘葉，與幕府閒談。中飯後閱本日文件，寫對聯六付，見客二次，劉松山談最久。閱《明史》楊鎬、袁應泰、袁崇煥等傳。傍夕小睡。

夜寫零字甚多。因余作字不專師一家，終無所成，定以後楷書學虞、劉、李、王，取橫勢，以求自然之致，利在稍肥；行書學歐、張、黃、鄭，取直勢，以盡睨視之態，利在稍瘦。二者兼營並進，庶有歸於一條鞭之時。

二更後誦詩，氣弱，在室中散步。三點睡。（同治五年八月二十九日）

評點

曾氏書法轉益多師。他自己認爲不能專師一家終無所成，乃爲自己制定如下原則：楷書今後以虞世南、劉石庵、李春湖、王文治爲師，重在横向上，以求得自然而然的興致，用稍爲豐厚點的筆墨來彌補不足；行書學歐陽詢、張旭、黄庭堅、鄭燮，重在竪向上，儘量發揮睥睨一切的豪氣，以稍爲消瘦點的筆墨來矯正缺陷。他一口氣列舉了八位老師，仍未專師一家，衹不過縮小範圍而已。不過，我們可以於此看出曾氏書法的師承源頭。

□强弩引滿蓄而不發

原文

早飯後清理文件。見客，坐見者一次，立見者一次。

出門拜客，竹如處久談。小湖處久談，觀渠所藏法帖：一曰褚書《孟法師碑》，筆意似虞永興而結體絶似歐陽率更，與褚公他書不類；一曰丁道護書《啓法寺碑》，隋碑，而字體有類晚唐，矮方而匀整，聞春湖侍郎以千金購之蘇州陸恭家；一曰宋拓虞書《廟堂碑》，即春湖侍郎曾經翻刻者也；一曰《善才寺碑》，名爲褚河南書，實魏栖梧書，仿褚法耳；又有晋唐小楷共十一種，其中《樂毅論》、《東方朔贊》絶佳，乃悟古人用筆之道如强弩引滿，蓄而不發。歸途作詩二句云：『側勢遠從天上落，横波旋向弩端涵。』又拜客八家，均未拜會。

歸，坐見之客二次。午刻閲《觀象授時》六葉。中飯後至惠甫處久坐。閲本日文件。申刻寫對聯五付，核批札各稿，酉正三刻畢。傍夕小睡。夜温《古文》識度之屬，朗誦十餘篇。二更三點睡，夢兆不佳，深以陝中湘軍爲慮。（同治六年六月初三日）

評點

今天曾氏在鐘山書院山長李小湖家觀賞李家所珍藏的諸多書法名帖。他爲此作了詳細的記録。一爲褚遂良書寫的《孟法師碑》，筆墨意境像虞世南，而字體結構很像歐陽詢，與褚氏其他字帖的風格不一樣。一爲丁道護書寫的《啓法寺碑》，是隋朝的碑，而字體像晚唐時的結構，偏矮偏方上下左右匀整，據説這本帖子是李春湖用一千兩銀子從蘇州陸恭家購得的。一爲宋代所拓的虞世南書寫的《廟堂碑》，這就是李春湖曾經翻刻的本子。一爲《善才寺碑》，名義上是褚遂良所書，實際上是魏栖梧寫的。另外還有晋人唐人的小楷十一種，其中《樂毅論》、《東方朔贊》特别好。

在欣賞這些名家碑帖時，曾氏又有新的領悟：古人用筆像强有力的弓箭，把弦拉得滿滿的，積蓄着全力但不發箭。在回家的路上，他將這個感悟寫成兩句詩：『側勢遠從天上落，横波旋向弩端涵。』這兩句詩的意思爲：側筆有着如同天上落下來的氣勢，横筆好像弓弦滿開能激發氣浪晃動。

這篇日記除讓我們再一次感受到曾氏勤於思考善於提煉的特點外，還讓我們領略了曾氏深厚的書法功底。這種功底表現爲：一是對虞世南、歐陽詢、褚遂良的作品有深入的研究，二是對隋與晚唐的書風差异很瞭解。

□歐虞褚李爲書家不祧之祖

原文

早飯後清理文件。見客，坐見者一次，立見者二次，圍棋二局。陳作梅、倪豹岑來久談。作梅又喪第二子，相對欷歔，幸有四孫，略足自解。又坐見之客三次。閱《瀛寰志略》，陸續閱二十八葉。中飯後閱本日文件。申正後，與幕客共觀後園新作籬笆，辟菜畦，敘話良久。傍夕眼疼，靜坐良久。夜核批稿各簿，温《古文》趣味之屬。因寫零字，偶有所悟，知歐、虞用筆與褚相通之故。書家之有歐、虞、褚及李北海，猶詩家之有李、杜、韓、蘇，實不祧之祖也。二更三點睡，四更三點醒。（同治六年十月十六日）

評點

曾氏在寫零字的過程中，又領悟歐陽詢、虞世南與褚遂良三人在用筆上的相通之處。可惜的是，哪些地方相同，他未寫明。曾氏視歐、虞、褚、李邕爲詩界中的李白、杜甫、韓愈、蘇軾，都是後學者永遠不會變動的祖師爺。這段日記讓我們清晰地得知曾氏書法的師承源頭。

品鑒

曾氏以善相人傳名於世，至今書肆仍隨處可見以曾氏署名的《冰鑒》——一部教你如何鑒人的相面相骨書。不過，遺憾的是這部書是托名的，是無名氏所撰托曾氏的名暢銷了一百多年的相書，筆者在《唐浩明評點曾國藩家書》中已作了詳細説明，這裏不再贅述，但曾氏喜相人善相人則是真的。我們來看兩則權威的記載。

一爲黎庶昌所編的《曾文正公年譜》。這部書説，道光二十四年，兩個漂流京師的同鄉青年郭嵩燾與江忠源去見曾氏：『江公素以任俠自喜，不事繩檢。公與語市井瑣事，酣笑移時。江公出，公目送之，回顧嵩燾曰：「京師求如此人不可得。」既而曰：「是人必立功名於天下，然當以節義死。」時承平日久，聞者或駭之。』

一爲容閎著的《西學東漸記》，書中記載同治二年容閎初次謁見曾氏的情景：『刺入不及一分鐘，閽者立即引予入見。寒暄數語後，總督命予坐其前，含笑不語者約數分鐘。予察其笑容，知其心甚忻慰。總督又以鋭利之眼光將予自頂及踵仔細估量，似欲察予外貌有异常人否。最後乃雙眸炯炯，直射予面，若特别注意於予之二目者。予自信此時雖不至忸怩，然亦頗覺坐立不安。已而總督詢予曰：「若居外國幾何年矣？」予曰：「以求學故，居彼中八年。」總督復曰：「若意亦樂就軍官之職否？」予答曰：「予志固甚願爲此，但未習軍旅之事耳。」總督曰：「予觀汝貌，决爲良好將材。以汝目光威稜，望而知爲有膽識之人，必能發號施令，以駕馭軍旅。」』

曾氏通過看面相和背相，識江忠源之能幹而有氣節，通過看容閎之面相尤其是雙眼，識容閎爲絶好將材。這應該都是曾氏相人識人之權威證明。然這都祇是别人的記敘，最具權威性的當是曾氏自己的文字。曾氏的確留下不少此類文字，其中一部分則記録在日記中。筆者把日記中的有關部分抄録出來，並加以適當説明，與各位共享。

□貴相與富相

原文

端莊厚重是貴相　謙卑含容是貴相

事有歸着是富相　心存濟物是富相

讀書二卷卯初至午初

習字一二百午初至未初

料理雜事未初至酉正

誦詩、古文酉正至亥正

作詩文扎記三　八日

巧召殺，忮召殺，吝召殺。

孝致祥，勤致祥，恕致祥。

大病初愈，戕樹重生，將息培養，勿忘勿助。

朝聞道，夕死可矣。

三月廿二日，作扎記立誓。

四月廿三日，戒棋立誓。

廿六日，窒欲立誓。

矯激近名，揚人之惡；有始無終，怠慢簡脱。

平易近人，樂道人善；慎終如始，修飾莊敬。

威儀有定，字態有定，文氣有定。（咸豐八年三月至四月）

評點

曾氏的日記，從道光二十五年至咸豐八年六月之間，目前我們所見到的，衹是一些零星片斷。其原因不外乎兩種：一是遺失，二是這些年裏他原本就没有逐日記載。在咸豐八年六月初六之前，他記下這一年三月至四月這兩個月裏的某些重要的思考與安排，此即上面所抄録的文字。於此，我們可以斷定，曾氏在道光二十五年至咸豐八年這段長達十四年的時間裏，他的日記的確有間斷。這很可能是那段時期内，他的恒心還有所欠缺的緣故。

這段文字中，涉及鑒人的有這麽四句：『端莊厚重是貴相，謙卑含容是貴相。事有歸着是富相，心存濟物是富相。』

富與貴，爲絶大多數人所追求，是他們人生的最高目標。什麽樣的人具備貴相，什麽樣的人具備富相？這應是許多人所感興趣的事情，也是命相學中的重要内容。

在曾氏看來，端莊厚重、謙卑含容，這是可以導至尊貴的相貌。所謂端莊厚重，應是品德端方，形容莊敬，心性厚道，言行持重；所謂謙卑含容，應是待人謙虚自抑，在人前喜怒哀愁不形於色。基於對中國文化的深刻領悟和四十多年的人世積累，曾氏認爲具備以上品性的人，在社會上可以獲得令人尊敬的地位。尊敬是一種發乎内心的情感，通常是對其人道德上的敬佩。什麽樣的道德最受人敬佩呢？這就是端莊厚重、謙卑含容，再簡單一點的表述，則爲莊重、克己。

曾氏認爲事有歸着、心存濟物者有可能獲得財富。事有歸着，說的是做事情要有歸納，有着落，即曾氏常做的一件事：綜核。心存濟物，說的是心裏有幫助別人、回饋社會、報效家國、無私奉獻等念想。曾氏認爲辦事有歸納有着落、又能幫助別人的人，可以成爲擁有財富的人。財富從做事中獲取。在曾氏看來，做事情有兩點最重要：一是踏實，二是助人。

讀者諸君可能會說，曾氏所說的這些，不像是我們平時所說的面相骨相，而是說的人的德行習性。這話說得不錯。而這，正是曾氏鑒人的根本之處。曾氏看人，以德爲主，以才爲輔。端莊厚重、謙卑含容、事有歸着、心存濟物這些都屬於德或德性的範疇。富與貴，要靠德性去獲取。而這種種德性，不是先天生就的，而是可以靠後天去培植的。

讀者也許會說，這與面相不相干，是屬於另一個話題中的內容。這種說法並不全面。其實，一個人的德性與他的表相是相干的，表相是德性的外在體現。孟子說：『君子所性，仁義禮智根於心，其生色也睟然，見於面，盎於背，施於四體，四體不言而喻。』這幾句話的意思是：君子的本性，仁義禮智植根在他心中，而生發出來的神色純和溫潤。它表現在顏面上，反映在肩背上，以至於手足四肢。通過手足四肢的動作，不必言語，別人一目瞭然。相學中有一句重要的話，道是『相隨心轉』，說的也是這層意思。故而一個人的心地是否仁厚，道德境界是否高尚，是可以從他的外相來感受的。從這個角度來看，它又與我們通常所說的看面相、骨相的鑒人之術相關聯。

當我們的視綫轉移到這個角度時，可以發現，這段日記中的『巧召殺，忮召殺，吝召殺。孝致祥，勤致祥，恕致祥』，同樣也算是曾氏的鑒人之術。

在曾氏看來，使乖弄巧、機心過重、嫉妒眼紅、心胸狹隘、吝嗇小氣、器局逼仄，這些都容易給人招致災禍；孝敬長輩、友愛兄弟、勤於勞作、不圖安逸、厚道待人、寬息包容，這些則可以給人帶來吉祥。以上召殺致祥的種種德性，都能夠從其人的外在行爲表現中來觀看。

怎麼看？曾氏自有他的一套方法。這套方法散見於他的文字中，日記中亦時有可見。下面，我們就他的相關日記，來探測其鑒人絕招之點滴。

□鑒劉松山等四人

原文

十四∆何本高，湘陰歸義人，兄弟六人，行三。咸豐三年十月入王璞山營。侍一百，壯四百，樸實。

十四∆陳青雲，五都蕭家冲人。先充爲字號勇，在金鵝山打仗。四年五月，在湘潭大官殿入璞山營。兄弟四人，居三。眼圓而動，不甚可靠。語次作嘔，眼似鄒聖堂。

十五○劉光明，湘潭石潭人。四年三月十一，在岳州城內戰船接出，年二十七歲。父年四十六歲。母沒，有二弟。明白安詳。

十五○劉松山，七都山棗人，曾在季洪處當長夫。四年冬，在銅錢灣入璞山營。其兄在岳州陣亡。母存、父沒、嫂嫁，有二侄。據稱，東安、郴州之戰最苦，吉水潭、四墟之捷最偉。王枚村不言而善戰。挺拔明白。

又附記建昌紳士

蔡夢熊，漁溪，萬年教官

蔡樟元，豫卿，庚子舉人，夢熊之侄

萬恩輔，儀唐，甲辰舉人

黃士鈖，秀峰，丙午舉人

崔　煊，春圃，崔斌之子

李鴻卓，黃平州知州，庚午舉人，己卯進士

李松齡，小梧（咸豐八年九月十五日）

評點

三個多月前，曾氏在爲父親守喪一年零四個月後，奉旨再次出山。朝廷給他的任務是：統率湘軍救援浙江。於是，規劃大計、籌措糧餉、調遣舊部、簽發軍書，便成爲復出後的曾氏的日常事務。曾氏離開前綫一年多了，舊部也多有變化。其中，人員變動是最主要的。會見屬下，是曾氏的重要事情。對於初次見面的營哨一級的軍官，他會在日記中留下簡單記錄。他的記錄包括以下幾個方面：一是年齡，二是籍貫，三是入伍年份，四是軍營經歷，五爲家中情況，六爲面談時的印象。面談時印象又分爲三個部分：一爲長相，二爲神情，三爲曾氏本人的感覺。覺得好的畫圓圈，不好的畫三角形，拿不準的則不做記號。這面談之印象即屬於品鑒的範疇。

九月十四、十五日兩天，曾氏召見老湘營中的四個中級軍官：何本高、陳青雲、劉光明、劉松山四人。

對於這四個人，曾氏分別作了如下記錄：

何本高，湘陰縣歸義人，有兄弟六人，排行第三。咸豐三年十月進入王鑫的軍營。現掌侍從（即親兵）一百人，壯丁（即正兵）四百人，人樸實。『樸實』，本是曾氏對人的褒獎用語，而曾氏對何本高的評語又僅此一詞，按常理，曾氏應該對何有好感，但他却在何的名字上方畫上三角符號，也就是說對何印象不佳。這是爲什麼？筆者猜測，或許是何的樸實過了頭，顯得呆板。當然，也可能是曾氏對何還有另外的看法，那些看法影響了曾氏對何的好印象，而曾氏並沒有點明。

陳青雲，湘鄉縣第五都蕭家冲人。起先充當普通團丁在金鵝山打仗。咸豐四年五月在湘潭大官殿投王鑫軍營。兄弟四人，排行老三。眼睛圓而好轉動，不太可靠。言談之際令人作嘔，眼睛像鄒聖堂。從『眼圓而動，不甚可靠』八個字中，可以看出曾氏認爲一個人若眼珠子過多轉動，有可能不誠實不專注，所以不可靠。既不可靠，又有作嘔的言辭，所以曾氏對陳青雲印象不好，在他的名字前面畫了一個三角形符號。

劉光明，湘潭石潭人，咸豐四年三月十一日，在岳州城内由戰船接出城，年紀二十七歲。父親四十六歲，母親去世。有兩個弟弟。心思明白，神態安詳。曾氏在劉光明的名字上方畫了一個圓圈，代表他對劉印象好。這好印象的原因是明白安詳。安詳的對立面是躁動。二十多歲的年輕人，正處在青春躁動的時期，又身在軍營這個躁動的環境中，劉光明能保持安詳的神態，確實不同尋常，難怪曾氏對他印象好。

劉松山，湘鄉縣第七都山東人，曾在曾國葆軍營中做長夫。咸豐四年冬天在銅錢灣進入王鑫軍營。其兄長在岳州戰役中陣亡。母親健在，父親去世，嫂嫂改嫁，有兩個侄兒。據劉松山説，東安、郴州之戰打得最苦，吉水潭、四墟之戰的勝利成果最爲宏偉。『王枚村不言而善戰』，這句話疑有脱字。揣測文理，此話應該是説劉松山不多説話但善於作戰。這一點與『挺拔明白』一起，讓曾氏對劉松山的印象極佳：在劉的名字前面畫了兩個圓圈。

曾氏識人有一個很重要之點，即不喜歡多言語尤其是夸夸其談愛説大話的人，他説過『楚軍歷來不用大言者』，他批評當時軍營中愛説大話的文人：『近來文人愛好大言，動輒攻城若干，殺賊若干，此大言也。』他看重李續賓，其中有一點便是李不多説話，他説李續賓可以在『稠人廣坐之間終日不發一言』。當然，僅僅衹是不多話語是不行的，還得要會辦事，這正是孔子所提倡的『君子訥於言而敏於行』。李續賓不多説話而會打仗，受到曾氏的極大信任，劉松山也是『不言而善戰』，故而曾氏也極看好他。

劉松山後來積功升至老湘營統領。在同治五年左宗棠奉命出征西北時，曾氏將老湘營交給左調遣，並在左的面前極力推薦劉松山。關於這件事，左後來在爲劉請恤時鄭重向朝廷説明，並因此而有對曾氏『知人之明，謀國之忠，自愧不如元輔』的蓋棺定論。

同治九年，劉松山在西北金積堡戰役中陣亡，年僅三十八歲，無子，留下的老湘營由其侄兒劉錦棠統領。這支由劉松山帶出的勁旅，後來在收復新疆的過程中立下大功，劉錦棠也因此成爲第一任新疆巡撫。

□鑒王華國等四人

原文

△王華國，八都人，易芝生居相近，三年入王營當伙兵。有弟爲凱章親兵。

△陳玉恒，二坊人，南門城外。三年入王營，廿四歲，長而清，可充戈什哈。

辜勝友，三坊人，曾家冲。三年入王營，二十五歲，矮而不精，比趙子麟略瘦。

文兼武，十二都人，三十歲，其兄亦在王營，拙直，長工之才。（咸豐八年九月十七日）

評點

這一天曾氏記下所召見的四個人的情況。

王華國，湘鄉縣第八都人，家與易芝生所住的地方相近。咸豐三年進入王鑫軍營當炊事兵。有弟弟爲張運蘭（字凱章）的親兵。名字前面畫一三角形符號，表示其人不在曾氏的人才庫之中。

陳玉恒，湘鄉縣第二坊人，家住湘鄉縣城南門外。咸豐三年進入王鑫軍營，二十四歲。個子高，神情清爽，可充當貼身親兵。此人名字前面也有一三角形符號，意謂他也未進曾氏的人才庫。

辜勝友，湘鄉縣第三坊人，住曾家冲。咸豐三年進入王鑫軍營，二十五歲，個子矮，不精明，比趙子麟略微瘦一點。

文兼武，湘鄉縣第十二都人，三十歲，笨拙直爽，屬於長工一類的人。

對於辜與文兩人，曾氏均未作記號，從『不精』『長工之才』的評語中，可見曾氏亦未看中二人。

□鑒陳品南等六人

原文

○○陳品南，老三營湘旗旗長。挺拔，有靜氣。二十九歲。銅錢灣住。副將銜。

○喻科癸，平江親兵百長。年二十四歲。滿面堆笑，可愛。矮而精明，略似陳安南。

由硝石分路過渡，走新城縣，至新口合路。

硝石十五里，界牌前十五里，八都鋪店廿餘家，三、五、八日墟場，可扎營。有墟場聯局。八里，白石頭十二里，十里山村屋百餘家，十里，新城縣五里，五里亭可扎營，十里，熊家塘五里，荷花莊五里，黃竹源五里，白沙十里，新口。

又附記

十九黎得勝，果營奇勝軍營官。五年冬回楚，六年援江，旋歸周鳳山統。目動言肆。

十九○○文恒久，四都高冲人。三年九月入王營，岳州城內救出。輔卿之侄。有靜氣，有良心。二旗旗官。父没，母今年没。

十九△黎以成，寧鄉人。四年，魯家壩入營。神昏。

二十莫有昇，長沙人，年二十九歲。南勇劉培元營内哨官。眼圓人滑。隨濬川出投效。有妻無子，無兄弟。（咸豐八年九月十八日）

評點

今天，曾氏在日記中記録了六個人的情況。

陳品南，老三營湘旗旗長。身材挺拔，有安靜之氣。二十九歲。住銅錢灣。正二品副將銜。在陳品南的名字上方，曾氏畫了兩個圓形符號，這説明他很看重陳。看重陳的什麽？依筆者之見，曾氏看重的是陳的『有靜氣』。曾氏早期在翰林院修身養性時，爲自己制定十三門課程，其中列在第二位的便是『靜坐』，並具體注明：『每日不拘何時，靜坐一會，體驗靜極生陽來復之仁心。正位凝命，如鼎之鎮。』同時又作《主靜箴》來時時警戒自己：『齋宿日觀，天鷄一鳴。萬籟俱息，但聞鐘聲。後有毒蛇，前有猛虎。神定不懾，誰敢余侮？豈伊避人，日對三軍。我慮則一，彼紛不紛。馳騖半生，曾不自主。今其老矣，殆擾擾以終古？』在曾氏看來，『靜』是很重要的品性，『有靜氣』的人可以成大事。二十九歲的陳品南已擁有副將銜，也證明他不一般，故曾氏在他的名字上方畫上兩個圓圈。

喻科癸，平江營親兵百長，二十四歲，見人滿面堆笑，顯得可愛，個子矮，頭腦精明，略像陳安南。曾氏在喻科癸的名字上方畫上一個圓圈，對此人印象好的原因應出於『可愛』與『精明』。

黎得勝，果字營奇勝軍營官。咸豐五年冬回湖南，咸豐六年出援江西，不久歸周鳳山統帶。眼珠子多轉動，言語放肆。黎得勝的上方未見標記。『目動言肆』的評語，在曾氏的語境中屬不良的。黎應未入曾氏法眼。

文恒久，湘鄉縣第四都高冲人。咸豐三年九月進入王鑫軍營，岳州戰役時從城内被救出。文輔卿的侄子。有靜氣，有良心。現爲二旗旗長。父親去世，母親也於今年去世。曾氏對文恒久特别看重，在他的名字上方畫了兩個圓圈，顯然看重的是文的『有靜氣，有良心』。曾氏識人，以德爲綱，『靜氣』與『良心』，都是他推崇的德性。一個厮殺於戰場上的軍官能同時具有這兩種品性，這是曾氏所十分看好的。

黎以成，寧鄉人，咸豐四年在魯家壩入軍營。精神昏濁。『神昏』者自然不是做事之人，所以曾氏爲他畫了一個三角形。

莫有昇，長沙人，二十九歲。湘南劉培元軍營裏的哨官。眼睛圓，人油滑。隨同蕭濬川出來投軍。家中有妻，没有兒子，亦無兄弟。在『巧』與『拙』之間，曾氏寧願選擇拙。在『官氣』與『村氣』之間，曾氏寧願選擇村氣。在爲軍營挑選官勇時，他寧願用未打過仗的書生，而不用綠營將領，他中意於世代務農的村夫而擯棄城市里的游民。一個『滑』字，足可以使得曾氏不喜歡莫。

□鑒秦華祝等三人

原文

△秦華祝，三十五都洪三殿人，三十五歲。三年，在謝春池營。矮，鄉間人。果營幫辦。

△何勝必，二都城前人，二十九歲，有妻子。視下，果營百長。

△馮詡翔，湘潭石潭人，二十八歲。左八曾薦至余處，其父兄皆在鮑超營中陣亡。矮，微麻。果營百長。（咸豐八年九月二十一日）

評點

十九日曾氏召見三個果字營的中層軍官，次日簡單地記録了這三個人的情况。

秦華祝，湘鄉縣第三十五都洪三殿人，三十五歲。咸豐三年進入謝春池軍營。身材矮，鄉村人。現爲果字營幫辦。

曾氏没有看好此人，多半是因爲一個『矮』字。在咸豐九年三月初八日的日記中，曾氏談到人外表的『六美六惡』，將『長』列爲六美之首。『長』者，身材高也。在行軍、與人拼殺等方面，高個子都有明顯優勢，相對來説，個子矮較爲吃虧。

何勝必，湘鄉縣第二都城前人，二十九歲，已有妻子。眼睛總往下面看，現爲果字營百長。曾氏也未看好此人，估計是因爲『視下』的緣故。眼睛總往下看，給人一種不大方不開朗的感覺。

馮詡翔，湘潭縣石潭人，二十八歲。左老八曾經向曾氏推薦過此人。他的父親與兄長都在鮑超軍營中陣亡。個子矮，臉上略微有些麻子。現爲果字營百長。曾氏亦未看好此人，多半也是因爲『矮』的緣故。

□鑒盧開甲等四人

原文

盧開甲，號紀年，漢軍，駐系城炮廠，已亥舉人。四年，部選金溪縣。本年丁母憂，父先亡。五年到任，六年七月卸事。目動神很。

楊照藜，號素園。

凡十五兩七錢九分，每日一錢七分，淺杯汁，可供三個月零三日。廿三日又稱，僅十四兩一錢二分。青花瓶盛七兩一錢一分。碎瓷瓶盛四兩九錢一分。小花瓶盛二兩一錢。

○朱紹輝，醴陵人，湘潭界挖煤爲生，廣西境内入營。四十八歲，父没，母七十一歲。樸實明白。初充侍勇，六年冬下岳州分六旗。

△葉明瑞，湘潭人，易家灣種田爲生。道州入王營，初充公長夫。面麻小樣，狡詭能戰，形模似三花臉。

老湘營旗長薪水九兩。夫三名，七兩二錢，今加作九兩。王加四兩，張加二兩。廿四兩。

正百長薪水九兩。夫三名，七兩二錢，今加作九兩。張加二兩。廿兩。

副百長薪水六兩。夫兩名，四兩八錢，今加作六兩。張加二兩。十四兩。（咸豐八年九月二十一日）

評點

曾氏記下所召見的四個人的名字，除楊照藜僅記其號素園外，其他三人都有簡況記録。

盧開甲，號紀年，漢軍旗人，駐於城内炮廠。己亥年（即道光十九年）舉人。咸豐四年，由吏部選爲江西省金溪縣令。本年因母親去世丁憂，父親先已去世。咸豐五年到任，咸豐六年七月離職。眼珠多轉動，神情上顯得厲害。前兩天，對果字營的黎得勝，曾氏有『目動言肆』的評語，此次的『目動神很』，應與『目動言肆』屬於同一界域，均爲印象不佳的用詞。

朱紹輝，醴陵人，在湘潭地界挖煤爲生，由廣西境内進入軍營。四十八歲，父親已去世，母親七十一歲。爲人樸實而心思明白。初爲親兵，咸豐六年冬，下到岳州分六旗。過於樸實的人，往往多笨拙；過於明白的人，往往又多浮華。既樸實又明白，則難能可貴，故而曾氏看好朱紹輝。不過，作爲軍營的中級頭領，四十八歲的年紀，顯然偏大。

葉明瑞，湘潭人，住易家灣，以種田爲生。在道州加入王鑫軍營，初期爲長夫。臉上有麻子，頭臉顯得小，狡猾詭詐，會打仗，模樣有點像戲臺上的三花臉。從曾氏的評語中可以看出，葉明瑞這個人，在他的印象中是一個奸詐小人，所以他爲之畫了一個三角形。

有意思的是，曾氏在日記中記下了當時軍營部分層級的薪水狀況。旗長每月九兩，正百長每月九兩，副百長每月六兩，長夫即運輸兵每月先爲二兩四錢，現在增加到每月三兩。據曾氏家書記載，道光末年，湖南鄉下一千文可買一石穀。時隔十來年，物價有可能上漲，若以一千二百文買一石穀計算，按一兩銀子換一千五百文錢兑换，一個旗長、正百長每月可買十一石穀，大致可以養活三十三個人。家中若有人做旗長或百長，一家人可以活得很滋潤。

□鑒賀國秀等二人

原文

○○賀國秀，五都人，兄弟六人，行二，有一兄一弟在營。四年三月廿五入王營。靜而明白。壯勇百長，作田營生。

○熊常富，卅五都人，去朱存大甚近，三年十月入王營，曾與羊樓峝之役。（咸豐八年九月二十二日）

評點

本日附記兩個人簡況。

賀國秀，湘鄉縣第五都人，兄弟六人，排行老二，有一個哥哥一個弟弟在軍營。咸豐四年三月二十五日進入王鑫營。神情安靜，心思明白。身爲壯勇（即上陣打仗的勇丁）百長。家裏以種田爲生。

曾氏對賀印象極佳，原因在於賀的『靜而明白』。

熊常富，湘鄉縣第三十五都人，老家離朱存大很近，咸豐三年十月進入王鑫軍營，曾參與羊樓峝戰役。曾氏對熊印象好，但未寫出他對熊的評語，估計熊在羊樓峝戰役中表現不錯。

□鑒易開俊等二人

原文

署南豐縣潘曜新，廣東人，潘祥新之弟。代理縣丞陳澐、鳳岐三。

代理廣昌縣孔廣晋

石城縣令張鎔

易開俊，城内人，草席生理。四年冬入王營，三旗百長。視下，多心計。據言：小槍食藥六錢零，抬槍食藥二兩零，劈山炮食藥五兩。

△陳世隆，四都人，四年冬入副五哨。父母俱没，一兄早没，一弟生子四人，有田三十餘畝。作田營生。（咸豐八年九月二十三日）

評點

二十三日，曾氏在日記中附記了七個人，其中四個人衹記下名字與職務，代理南豐縣令潘曜新有『廣東人，潘祥新之弟』的極簡記録，對易開俊、陳世隆則略爲詳細些。

易開俊，湘鄉縣城里人，以織草席謀生，咸豐四年冬進入王鑫軍營，現爲三旗百長。眼珠多向下看，好爲心計。據易説，小型火槍可以填下炸藥六錢，兩人抬的火槍可以填下炸藥二兩，劈山火炮可以填下炸藥五兩。曾氏未在易的名字上方留下記號，從『視下，多心計』的評語來看，曾氏不可能看好易。

易開俊後來長期爲一支軍隊的統領。同治四年已做到壽春鎮總兵，官居正二品，成爲湘軍中爲數不多的實缺高級武官。易能有如此地位，可能正是出於『多心計』的緣故。易這個人可能很能幹，但『視下』的人，曾氏從情感上不會喜歡。

陳世隆，湘鄉縣第四都人，咸豐四年進入副五哨，父母都已過世，一個兄長早去世，一個弟弟生有四個兒子，家裏有三十多畝田，以種田謀生。曾氏對陳無評語，但在陳的名字上方畫了一個三角形，看來他未看好陳。

□鑒楊鳴岐等三人

原文

○○楊鳴岐，湘潭十四都莫家塅人，種田營生。四年正月入一三營。目不妄視。

○章合才，四都人，三年九月入王營，岳州戰船接出。有祖母，有母。挺拔誠實，父今年死。言小槍食藥一兩，抬槍食一兩零。

○喻致惟，寧鄉二都人。五年正月招副五哨入營。據言，小槍食藥六錢零，食子三顆。抬槍食藥二兩零，食子一大三小。劈山炮食藥六兩、七兩，食子一大、十餘小者。明白有情。喻吉三之侄。

（咸豐八年九月二十四日）

評點

本日記録楊鳴岐等三人的簡况。

楊鳴岐，湘潭縣第十四都莫家塅人，以種田爲生。咸豐四年正月進入一三營。眼神規矩，不隨便亂看。曾氏對楊的印象極好，看來是相中楊的眼神專注。

章合才，湘鄉第四都人，咸豐三年九月進入王鑫軍營，岳州戰役中，由戰船從城裏接出。家中有祖母，有母親。身材挺拔，性情誠實。父親今年去世。章合才説小槍裝彈藥一兩，兩人抬的槍裝彈藥一兩多。『挺拔誠實』，讓曾氏對章有好印象。

喻致惟，寧鄉縣第二都人。咸豐五年正月招考副五哨哨長時進入軍營。據喻致惟説，小槍裝彈藥六錢多一點，裝鐵子三顆。兩人抬的槍裝彈藥二兩多，裝鐵子大的一顆、小的三顆。劈山炮裝彈藥六兩或七兩，裝鐵子大的一顆、小的十多顆。心思明白，有情誼。喻吉三的侄兒。曾氏對喻致惟亦有好印象，因爲他『明白有情』。

□鑒蕭慶高等五人

原文

○○蕭慶高，三十二歲，三年救江西入李營，同剿湖北、九江、弋陽、廣信等處。在景德鎮告假，入果營。父、母八十，思歸，語次欲泣。四十二都人。

△朱桂秋，瀏陽人，三年救江西，在羅營當長夫，至吉安當勇，同打湖北、九江。五年正月告假，又入羅信南營，茶陵入蕭營。略油。

王勝友，六都人，初入羅信南營，後入蕭營。據稱，小槍食藥一兩零。父母俱在，鄉間蠻人。

○姚美崙，年廿一歲，一都人。六兄弟，行季，四人在營，伯次有妻，侄亦當勇。金溪始充百長。挺拔有情意。

○○胡中和，年廿四歲。廿五都杉木橋人，去太平寺數里，曾在迪安營當勇。八年六月假歸，八月娶妻，漂亮。

（咸豐八年九月二十五日）

評點

這一天曾氏又記録蕭慶衍軍營中五人的簡况。

蕭慶高，三十二歲。咸豐三年援救江西時進入李（續賓）軍營，一同攻打湖北、九江、弋陽、廣信等處。在景德鎮時請假，後進入果字營。父母均已八十歲，想回家，言談之際幾欲流泪。湘鄉縣第四十二都人。曾氏爲蕭畫了兩個圓圈，可能爲蕭的孝心感動。蕭慶高後來官做到漢中鎮總兵，正二品銜，也算是高級武官了。

朱桂秋，瀏陽人。咸豐三年，湖南援軍出救江西時在羅澤南營當長夫，到吉安時當勇丁，一同攻打湖北、九江。咸豐五年正月請假，後來又進入羅信南軍營，在茶陵時進入蕭慶衍軍營。略爲油滑。一個『油』字，給了曾氏不好的印象。

王勝友，湘鄉縣第六都人。初期進入羅信南軍營，後進入蕭慶衍軍營。據王勝友説，小槍裝炸藥一兩多。父母都還健在，是個鄉間的霸蠻人。鄉間蠻人，可成爲一個勇敢倔强不怕死的好軍人，也可能成爲一個不聽號令性格犟拗的刺頭，全在於上司的調教和軍營風氣的影響，故而曾氏未對王勝友置可否。

姚美崙，二十一歲，湘鄉縣第一都人，六兄弟，排行第四。有四個兄弟在軍營，老大老二有妻，侄兒也在軍營充當勇丁，到金溪時纔當百長。身材挺拔，爲人有情誼。曾氏看中挺拔的人。挺拔顯示出生命力的旺盛，緊束而有力量，是軍人很重要的素質。曾氏因此爲姚畫了一個圓圈。

胡中和，二十四歲。湘鄉縣第二十五都杉木橋人，離太平寺幾里，曾經在李續賓軍營當勇丁。

咸豐八年六月假滿歸營，八月娶妻，妻子長得漂亮。對胡中和，曾氏未有評語，却在他的名字前面畫了三個圓圈，這種情況絶無僅有，足見曾氏很器重胡中和。可惜，我們無從知道曾氏如此厚愛胡的原因。

□鑒沈寶成等二人

原文

○沈寶成，（天頭：九年二月廿八見，似文官。）新染鋪人。父六十四，母五十六。兄弟四人，二在濠頭堡陣亡，三在嶺東陣亡，四弟十三歲。年廿九歲，有妻無子。在縣入羅營。三年，救江西；四年，湖北、九江；五年，廣信，義寧；俱在場。現充前營左哨長。清而有情。

○○胡輝堂，四都人，父五十六，母五十六，祖父九十。兄弟二人，兄當護哨。三年六月廿四入羅營，救江西。回長沙告假，入王營。岳州之敗，戰舟接出。四年八月在紫坊再入羅營，同攻武昌、田鎮等處。十二月廿九日接塔公馬渡江，賞銀十五兩。同攻廣信、義寧等處，在義寧告假。六年四月派哨長。年二十五歲，短小精明。前營右哨長。

○成立福，湘潭七都人。父八十，母七十。兄弟七人，二早死，四人在營當勇。年三十七歲。四年，在羊樓峒入營。打義寧後，告假一次。七年六月充前營哨長。初由抬槍班當散勇。樸實壯健，目光漸散。

抬槍班：散勇十二人，什長一人，伙勇一人，長夫三人。又由營官處撥來公長夫一人，共十八人。兩棚。

刀矛班：散勇十人，什長一人，伙勇一人，長夫二人，共十四人。兩棚。鳥槍班亦然。

哨長一人，護哨四人，伙勇一人，長夫三人，共九人。兩棚。

原制哨長每月口糧九兩。羅公加作九兩六錢。李公因哨長官階漸大，以次而加：守備充哨長者，加夫一名，都司加夫二名，游擊加夫三名，參將加夫四名，副將加夫五名。各哨長於移營時，私雇短夫。扎坐營時則不雇。其銀稍資津貼。（咸豐八年十月初六日）

評點

本日曾氏記録了三個人的簡況。

沈寶成，湘鄉縣新染鋪人。父親六十四歲，母親五十六歲。兄弟四人，老二在濠頭堡陣亡，老三在嶺東陣亡，四弟十三歲。老大沈寶成二十九歲，有妻，但無兒子。在縣城進入羅澤南軍營。咸豐三年，參與救援江西戰役。咸豐四年參與湖北、九江戰役。咸豐五年，廣信、義寧等戰役都參加了。現任前營左哨長。清秀而有情致。曾氏在沈寶成的名字上方畫了一個圓圈。又注明：咸豐九年二月二十八日接見，模樣像文官。身爲哨官而有清秀之姿，可能是曾氏對沈印象好的原因。

胡輝堂，湘鄉縣第四都人，父母均五十六歲，祖父九十歲。兄弟兩人，兄長現任護哨。咸豐三年六月二十四日進入羅澤南軍營，救援江西。回長沙休假時進入王鑫軍營。在岳州那場敗仗中，由戰船從城裏接出。咸豐四年八月在紫（紙）坊再次進入羅澤南軍營，攻打武昌、田鎮等處。同年十二月二十九日接塔齊布的戰馬渡過長江，爲此獲十五兩賞銀。參與攻打廣信、義寧等處，在義寧時請假。咸豐六年四月任哨長。二十五歲，矮小精明。現任前營右哨長。胡輝堂精明，又有護送塔齊布戰馬渡江的業績，故而曾氏爲他畫了兩個圓圈。

成立福，湘潭縣第七都人。父親八十歲，母親七十歲。兄弟七人，老二早死，有四個兄弟在軍營當勇丁。三十七歲。咸豐四年在羊樓峒入營。攻打義寧之後請假一次。咸豐七年六月充當前營哨長。初投軍時在抬槍班當散勇。樸實健壯，但目光有些散漫。『樸實』是曾氏很看重的品德，儘管有目光散的缺陷，曾氏還是爲成立福畫了一個圓圈。

這篇日記裏，曾氏記載了部分編制，爲我們提供湘軍營制研究的第一手資料。

一個抬槍班的編制爲：什長（即班長）一人，打仗的勇丁十二人，伙夫一人，勤雜人員三人，還加上由營官處撥來的勤務員一人。共十八人，住兩個帳篷。

一個刀矛班的編制爲：什長一人，打仗的勇丁十人，伙夫一人，勤雜人員兩人，共計十四人，住兩個帳篷。鳥槍班的編制與刀矛班相同。

哨長一人，保護哨長的勇丁爲四人，伙夫一人，勤雜人員三人，共九人，住兩個帳篷。看來哨長是一人住一個帳篷。

曾氏還記録了湘軍中長官們的待遇。

哨長過去每月伙食費九兩，羅澤南增加到九兩六錢。李續賓鑒於哨長官階漸大，按照不同情況再作增加：守備銜哨長的，加勤務員一人。都司銜哨長的，加勤務員兩人。游擊銜的加勤務員三人。參將銜的加勤務員四人。副將銜的加勤務員五人。各哨長在營房遷移時，可自己做主增加臨時勤務人員，扎立營房時則不雇臨時勤務員，但在津費上可增加一些作爲補貼。

□鑒王華雲等四人

原文

買洋紅

查前此陣亡各員恤典

咨江西要軍需則例

△王華雲，衡陽人，去女子橋甚近。羅山之姨侄。四年在孔壠入營，當長夫。五年，義寧至蒲圻後告假，旋回營。羅山没後，隨温甫至瑞州當什長。七年隨希庵至九江，告假。八年二月在縣城派哨長。老實。據稱，該哨祇十餘人未見過仗。己丑生。（天頭：五兄弟。大在家，有妻。三、四已死。二及五皆無妻。）

△劉長春，湘鄉城内人。咸豐五年在後營劉峙衡處當親兵。六年冬在騰鶴處充哨長。八年二月告假回湘，希庵派爲哨長。聰明而滑。（天頭：面貌俗。有母。二十七歲。）

○王品高，八年三月在九江升哨長。粟山鋪人。三年五月入易超九營援江。十一月楊虎臣散營。四年五月入羅營，岳州、武漢、九江、義寧皆在事。隨温甫至瑞州。七年隨希庵至蘄、黄、麻、黄。目下視，身長，結實。（天頭：鼻好，耳好，目低。一兄被擄。父母皆亡。一妻一女。九年三月一日見。三十一歲。）

△胡玉元，永豐下洋潭人。三年十月入羅營，至永興打油榨圩。四年五月與朱雲章解衡州戰船至長沙，岳州、武漢、九江皆在事。六年至瑞州，温甫保以藍翎把總，希庵保守備，迪安保都司。漂亮，微滑。（天頭：二十八歲。伯叔在，父母故，弟廿一歲，在靖州生意。）（咸豐八年十月十五日）

評點

十月十五日的日記中，曾氏有『傳見强中營四哨長問話』的記載。他將此四人的簡況寫在當天的『附記』裏。

王華雲，衡陽人，離女子橋很近，是羅澤南母親娘家那邊的侄兒。咸豐四年在孔壠進入軍營，充當隨軍長夫。咸豐五年，義寧戰役後隨軍至蒲圻後請假回家，不久回營。羅澤南死後，隨曾國華到瑞州當什長。咸豐七年隨李續宜到九江，後請假。咸豐八年二月在縣城委派爲哨長。人老實。據他説，他的那個哨祇有十幾個人没見到打仗。道光九年出生。曾氏又在天頭上注明：五兄弟。老大在家，有妻子。老三、老四已去世。老二及老五皆無妻。

老實，本是曾氏看重的品性，但曾氏却在王華雲的名字上畫了一個三角號，可能王是老實過頭了些。老實一旦過了頭，就會變得笨與迂，而笨與迂却是不好的。

劉長春，湘鄉縣城裏人。咸豐五年在後營劉騰鴻（峙衡）那裏當親兵。咸豐六年冬在劉騰鶴那裏當哨長。咸豐八年二月請假回湖南，李續宜（希庵）委派爲哨長。聰明而油滑。天頭上注明：『面貌俗氣。有母親。二十七歲。』一個『滑』，一個『俗』，讓曾氏爲劉畫了一個三角形。

王品高，咸豐八年三月在九江升爲哨長。粟山鋪人。咸豐三年五月進入易超九軍營援助江西。同年十一月，楊虎臣解散這個營。咸豐四年進入羅澤南的軍營，岳州、武漢、九江、義寧等戰事皆參與。隨曾國華到瑞州。咸豐七年隨李續宜到蘄州、黄梅、麻城、黄安。眼光向下看，個子高，結實。天頭上注明『鼻好，耳朵好，目光朝下。一個哥哥被擄，父母均去世。家中有一個妻子一個女兒。九年三月一日見。三十一歲』。這一段話是四個多月後即咸豐九年三月一日那天再次見面後補寫的。查曾氏咸豐九年三月一日日記中有『傳見強中營哨官二人』的記載，足可爲此作證。『目下視』、『目低』是王品高的缺點，但他的優點很多：身長、結實、鼻好、耳好，所以曾氏爲他畫了一個圓圈，四個多月後再見面時，王品高已由哨長升爲哨官了。

胡玉元，湘鄉縣永豐下洋潭人。咸豐三年進入羅澤南軍營，到永興去攻打油榨圩。咸豐四年與朱雲章帶領衡州戰船到長沙，岳州之仗、武漢之仗、九江之仗皆參與。咸豐六年到瑞州，曾國華保舉他爲藍翎把總，李續宜保舉他爲守備，李續賓保舉他爲都司。人長得漂亮，略微油滑。天頭上注明：二十八歲。伯父叔父健在，父母去世，弟弟二十一歲，在靖州做生意。因爲『微滑』，曾氏對他不够信任。

□鑒丁長勝等三人

原文

○丁長勝，前充二旗左哨。本年二月假歸。三十五都人。四年招副五哨，入王營。身文而笨，訥於言辭，目不妄動。爲可靠。

△龔隆貴，二都人。四年二月初十日圍在岳州，城破後十五日逃出。在城内殺穿左右頰。十一月復入王營。據稱，在湖南與朱洪英戰最很，七年十一月與石達開戰最很。身長，視下，有壯氣，好説話。父母年六十二三。三年入鍾開誠營。

李繩武，湘鄉城内人，種田爲業。三年入王營，旋至衡州入羅山營，同剿岳州，武漢、田家鎮、弋陽、廣信，均在事。年四十二歲。充二旗哨長。無英氣。無父母，有弟，有二女。尚老成。

問官制軍要弓箭，要馬上鳥槍。（咸豐八年十月十六日）

評點

咸豐八年十月十六日，曾氏『傳見營務百長三人』，在當天的『附記』中記下了這三個人的情況。

丁長勝，先前充當二旗左哨官。湘鄉縣三十五都人。咸豐四年招募副五哨，進入王鑫軍營。身子單薄而笨拙，言辭上木訥，兩眼不隨便亂動，人可靠。『木訥』與『目不妄動』，使得曾氏認爲丁長勝『老實』，故而在他的名字上畫了一個圓圈。

龔隆貴，湘鄉縣二都人。咸豐四年二月初十日被圍困在岳州城，城破十五天後逃出。在城裏厮殺時，被刀穿透左右兩頰。同年十一月再回到王鑫軍營。據他説在湖南時與朱洪英作戰最兇狠，咸豐七年十一月與石達開作戰也最兇狠。個子高，眼睛朝下看，有雄壯氣概，喜歡説話。父母年齡六十二三歲。咸豐三年進入鍾開誠軍營。可能是『視下』、『好説話』以及自稱『最很』的緣故，龔隆貴没有給曾氏留下好印象，名字上方被畫了一個三角形。

李繩武，湘鄉縣城裏人，以種田爲業。咸豐三年進入王鑫軍營，不久到衡州進入羅澤南軍營，一道圍剿岳州城，武漢、田家鎮、弋陽、廣信等戰事均參與。年齡四十二歲。充當二旗哨長。没有英武之氣。無父母，有弟弟，有兩個女兒。還算老成。既『無英氣』，又『尚老成』，對於李繩武，曾氏一時還看不準，遂未作任何記號。

□鑒蕭浮泗、熊登武等三人

原文

○蕭浮泗，八都人。三年救援江西，在羅營。口拙訥，神不外散。四、五二年俱在羅營。六年九月至九弟營。初帶義營，現帶制字營及中軍。

○劉湘南，甲午生。八都人。眼黃有神光，鼻梁平沓，口圓，有童心，腰挺拔，面英發，可愛。五年羊樓峒入營，六年羅死後出營。十月入沅營。七年七月升哨官。大父母與父母俱存，無妻。

○○熊登武，廿五歲。八都人，青三之侄。目有精光，三道分明。鼻準勾而梁方，口有神而紋俗，略似禮園。三年入羅營，從救江西。四年從攻武漢、田家鎮。六年入沅營，未假。本生父故，母存，過繼父母皆亡。（咸豐八年十月二十一日）

評點

曾氏在十月二十一日傳見吉中營哨長三人，他們都是曾國荃的部下，且都跟着老九後來成爲攻克南京的立功人員，得到朝廷的重賞。且看六年前曾氏初次見到他們時，曾氏對他們的印象如何。

蕭浮泗（此人後來通常寫爲蕭孚泗），湘鄉縣八都人。咸豐三年救援江西時在羅澤南軍營。言辭木訥，精神不外擴散。咸豐四年、五年兩年都在羅澤南軍營。咸豐六年九月到老九的軍營。起先管帶義字營，現管帶制字營及中軍。不善於言辭與精神凝聚，都是曾氏很欣賞的品性，他爲蕭畫了一個圓圈。同治三年六月，他以福建陸路提督身份被朝廷封爲一等男爵，賞戴雙眼花翎。當時封五等爵位的僅六人，蕭能擠進去，堪稱殊榮。

劉湘南，道光十四年出生。湘鄉縣第八都人。眼珠子色黃而精光，鼻梁扁平，嘴唇呈圓形，有小孩子的天真心，腰板挺拔，臉上顯露出英姿勃發，可愛。咸豐五年在羊樓峒進入軍營。咸豐六年羅澤南死後離開軍營。同年十月進入老九軍營。咸豐七年七月升爲哨官。祖父母與父母都健在，沒有妻子。曾氏對劉湘南的印象可謂很好，而劉也的確不錯。攻打南京戰役時，劉已爲記名總兵，朝廷循曾氏所請，『着以提督記名簡放』。

熊登武，二十五歲。湘鄉縣第八都人，青三的侄兒。眼睛有精光，三道分明。鼻子勾，鼻梁方正，嘴唇有精神而紋絡平俗，有點像禮園。咸豐三年進入羅澤南軍營，跟着救援江西。咸豐四年跟隨羅營攻打武漢、田家鎮。咸豐六年進入老九軍營，沒有請過假。親生父親已去世，母親還在，過繼的父母都已不在了。曾氏爲熊畫了兩個圓圈，足見他對熊的欣賞。打下南京後，在曾氏的保薦下，熊以記名總兵身份交軍機處記名，無論提督、總兵缺出，儘先提奏，並賞穿黃馬褂，賞給騎都尉世職。

□鑒張勝祿等三人

原文

○○張勝祿，六都碓坎井人，與張開輯、凱章同族。二十八歲。兄弟四人，兩兄在家，弟在營。

四年，衡州入羅營。岳州、武漢、田家鎮、廣信、弋陽、義寧在事。六年六月在鄂告假，八月入沅營。口大，似王惠三，目有神光，人倜儻。現充義營幫帶。

〇廖世霖，衡陽人，洪樂廟。四年，田家鎮入羅營，爲護哨三十五個月。羅山没後，隨温甫至瑞州，旋至吉安。張開輯故後，充哨長。鼻梁直，腰身正。在家小貿營生。（天頭：頭髮、眉毛有濁氣。）

〇李楚盛，湘鄉十二都人。義寧州入羅營。六年六月在武昌假，八月入沅營，把總、守備、都司，皆沅所保也。目有精光數道。田業爲生，耕作四十擔。樸實可用。（天頭：面有骨格，大辮子。尚未保都司。）

寄賀丹麓奠分四十。

寄黄南坡之子卷資三十。

寄唐竟丈五十。（咸豐八年十月二十二日）

評點

十月二十二日早飯後曾氏傳見吉中營的三個哨長，這天的附記中他記録了三人的簡況。

張勝禄，湘鄉縣第六都碓坎井人，與張開輯、張運蘭（字凱章）爲同族。年齡二十八歲。兄弟四人，兩個哥哥在家，弟弟在軍營。咸豐四年，在衡州府進入羅澤南軍營。岳州、武漢、田家鎮、廣信、弋陽、義寧等戰役都參與。咸豐六年六月在湖北時請假，同年八月進入老九軍營。嘴巴大，像王惠三，眼睛有精彩亮光，人灑脱豪爽。現充當義字營幫帶。曾氏爲張畫了兩個圓圈，顯示出他對張的極好印象。估計這種好印象來自三個方面：一是張經歷過不少大仗，屬於打出來的一類人；二是『目有神光』，精神氣概好；三是爲人倜儻。曾氏是一個拘謹的文人，但他却很欣賞性格豪爽不拘細節的人，這大概是出於一種互補的心態。發迹前的江忠源便是一個很『倜儻』的人，故而獲得曾氏的格外賞識。張勝禄得到兩個圓圈的待遇，其最主要的原因或許就是『倜儻』二字。一年後，張便升爲吉中二營的營官。同治三年六月初，張勝禄在南京城外中炮陣亡。

廖世霖，衡陽縣洪樂廟人。咸豐四年在田家鎮進入羅澤南軍營，當了三十五個月的護哨。羅澤南死後隨曾國華到瑞州，不久到吉安。張開輯死後充當哨長。鼻梁直，腰身正。在家以小買賣謀生。天頭注明：『頭髮、眉毛中有渾濁之氣。』曾氏看人首看眼睛，次看鼻子。廖鼻梁正，給曾氏留下了好印象，但曾氏發現此人毛髮中有濁氣。估計廖的毛髮乾枯、稀少，或是頭髮長得太下、雙眉靠得太緊，這些都有可能令人生『濁氣』之感。

李楚盛，湘鄉縣第十二都人。在義寧州投入羅澤南軍營。咸豐六年六月在武昌請假，同年八月投入老九軍營。把總、守備、都司，都是老九所保舉的。眼睛裏有幾道精亮的光彩。以種田爲主業，耕種之田每年可收四十擔穀。人樸實，可以辦事。天頭注明：『臉上骨架子明顯，辮子大。還没有保舉都司。』筆者猜想，這應該是對前面寫的『都司』爲『沅所保也』的修正。

□鑒周惠堂等六人

原文

△周惠堂，東晚坪人。初入一一營，次入彭三元營，次入蔣左營，次入羅信南營，次入沅營，撥高彥驥水營。高歸，充水營營官。顴骨好，方口好，面有昏濁氣，色浮。不甚可靠。

△王桂林，（天頭：九年二月廿四改桂堂。）年四十一歲。住五里排。五年二月入羅營。蒲圻左足受傷，保千總。六年入沅營，七年改水師。（天頭：八年七月廿一受大子傷，左腹入，右腹出。說話尚穩實。）鼻梁正，目青明，左有眚，鼻尖勾，面似小柳。

△黄正大，清泉耒河人。蔭亭帶至南康，充前營哨官，六年冬丁艱歸。七年入沅營，八月入水營。鬢賤，身長，無直氣，目清而動。（天頭：九年二月二十四日見。）

○李祖祥，年卅二歲。洪樂廟人，駕船爲生。在廣西，南至百色，北至柳州，東至澳門。勞給八品，文格給六品把總，沅保千總、守備。目定鼻定，堅實可恃。

傅裕昆，年卅九歲，谷水人。初入厚庵副右營，四年七月入羅營，十二月小池口告假。五年在家練團，六年正月入羅營，二月受傷，九月入沅營。鼻歪，不可恃，色亦不正。微麻。

○周玉堂，三年春，長沙入羅營，救江西。四年在岳州、武漢。五年在廣信、義寧。六年五月受大子傷，迪安用去百餘金，十二月歸。七年入沅營。目光三道清明。（咸豐八年十月二十四日）

評點

二十四日接見的六人都做過老九手下的中級軍官。

周惠堂，湘鄉縣東晚坪人。起先投入十一營，後投入彭三元營，後投入蔣左營，後投入羅信南營，後投入曾國荃營，係從水師高彥驥營中選拔出來的。高彥驥回營後，充任水師營官。此人顴骨好，嘴巴是方的，好，臉上有昏濁之氣，氣色飄浮，不太可靠。曾氏爲之畫了一個三角符號。『昏濁』、『浮』都不是好氣色，除這些外，周惠堂跳槽過多，大概也令曾氏不太喜歡。

王桂林，曾氏天頭上注明：『此人在咸豐九年二月二十四日改名桂堂。』年紀四十一歲，家住五里排。咸豐五年二月投入羅澤南軍營。蒲圻戰役中左脚受傷，保舉爲千總。咸豐六年進入曾國荃軍營，咸豐七年改投水師。曾氏在這一句上又作了一番加注：『咸豐八年七月二十一日受大炮子傷，炮子從左腹進入，從右腹出。說話尚且穩重平實。』接下來，曾氏寫道：『鼻梁正，眼珠子黑而明亮，左眼有白斑，鼻子尖部勾，臉像小的柳葉。』應該說王桂林的長相和表現均令曾氏滿意，之所以畫上三角符號，多半可能是『左有眚』的緣故。作爲一個中級軍官，眼睛有毛病是一大缺點。

黄正大，清泉縣耒河人，凌蔭亭帶着到南康，充當前營哨官。咸豐六年冬天回家奔喪。咸豐七年進入老九軍營，同年八月進入水師軍營。兩鬢毛髮難看，個子高，無挺直之氣，眼珠子清亮但好動。天頭上注明：『咸豐九年二月二十四日又見了一次。』

曾氏看黄正大兩鬢的毛髮，用了一個『賤』字來表述，可見他很不喜歡黄，這也可能是黄身體不直、眼睛好動的毛病加重了他對黄的不好感。

李祖祥，年齡三十二歲，衡陽縣洪樂廟人，以駕船爲生。在廣西時，南到過百色，北到過柳州，東到過澳門。勞崇光給過他八品銜，文格給過他六品銜把總，老九保過他千總、守備。目光安定，鼻梁硬挺，爲人堅實，可爲依恃。因爲眼睛與鼻子的『定』，李給曾氏以『堅實可恃』的良好印象，故而在他的名字上方畫了一個圓圈。

傅裕昆，年齡三十九歲。谷水人。起初參加楊載福（字厚庵）的副右營，咸豐四年七月進入羅澤南軍營，同年十二月在小池口請假。咸豐五年在家鄉組練團勇。咸豐六年正月進入羅澤南軍營，同年二月受傷，九月進入老九軍營。鼻梁歪斜，不可作爲依恃。臉色亦不正常，略微有點麻子。『鼻歪』，最爲曾氏所不喜歡。在他認爲『鼻歪』『嘴歪』的人，屬心術不正者，所以『不可恃』。曾氏未給傅畫符號，但看來他不可能重用傅裕昆。

周玉堂，咸豐三年春，在長沙投入羅澤南軍營救援江西。咸豐四年參與岳州及武漢戰事。咸豐五年參與廣信與義寧戰事。咸豐六年五月被大炮子打傷。李續賓（字迪庵或寫作迪安）爲此花費百多兩銀子，同年十二月回家。咸豐七年投入老九軍營。眼神光亮清明。眼睛如何，在曾氏鑒人術中占最重要的位置。周玉堂目光好，故曾氏爲之畫了一個圓圈。

□鑒胡松江等五人

原文

△胡松江，年二十九歲。目清明，無雄氣。四年入秦國禄中營。十二月十二日陷入內湖，五年六

月歸。六年入沅營。花石人。父母没。中營哨長。七年六月喪母回家，僅住一夕。兄一，俱作生意。

△黃東南，年廿二歲，大邑塅人。三年十月入王營，岳州城內戰船接出。五年二月入羅營。七年，入李營。六年告假，九月入沅營。父母没。目光三道，面麻，聲不雄。

△鍾輔朝，二年在勞儀卿處。四年春入武庠，秋隨李擴夫下武漢、田鎮。五年入次青營。六年在撫州，七年貴溪告假。目清而不定，明白，滑。

△吳蘭蕙，五年春入次青營。癸未生。蘇官渡升棚頭，七年升哨官。面偏神動，目有精光，跳皮。

○彭瓊英，三十三歲，平江北鄉，與彭大壽同族。四年在凌煌壽麾下，五年冬入蘇官渡。七年充哨長，八年在衢州充哨官。鼻正，眼不敢仰視，面有正色。（天頭：父故，母存，有妻，無子。弟二十六歲，有子。耳好。）（咸豐八年十月二十六日）

評點

胡松江，年齡二十九歲，目光清明，没有雄豪之氣。咸豐四年投秦國禄中營。同年十二月十二日陷入鄱陽湖，咸豐五年六月回家。咸豐六年投老九軍營。湘潭縣花石人。父母已去世。現爲吉中營哨長。咸豐七年六月母親去世時回過家，衹住了一個晚上。有一個哥哥，兄弟倆都做過生意。曾氏爲胡畫了一個三角符號，表示對胡的印象不太好。推其原因，『無雄氣』是主要的。此外，母喪回家，『僅住一夕』，可能也令曾氏不懌。曾氏是一個看重倫理的人。胡完全可以爲母親多守喪一些時間，爲什麼衹住一個晚上？在曾氏的眼中，胡或許是一個薄於親情的人。

黃東南，年齡二十二歲，大邑塅人。咸豐三年十月投王鑫軍營。岳州戰役中困於城內，由戰船接

出。咸豐五年二月投羅澤南軍營。咸豐七年投李續賓軍營。日記中『六年』疑是『六月』的筆誤，即黃東南在咸豐七年六月請假回家，九月投老九軍營。父母已不在。目光三道，臉上有麻子，聲音不雄壯。曾氏亦未看好黃，可能是因爲他的『聲不雄』。

鍾輔朝，咸豐二年在勞儀卿那裏。咸豐四年進武術學校，同年秋天隨李擴夫參與武漢、田家鎮戰事。咸豐五年投李元度（字次青）軍營。咸豐六年參與撫州戰事。咸豐七年在貴溪請假。目光清明但不安定，心思明白，油滑。曾氏不喜歡不安定和油滑的人，因此，鍾不入此老法眼。

吳蘭蕙，咸豐五年春投李元度軍營。道光三年出生，三十六歲。蘇官渡戰役時升的棚頭，咸豐七年升任哨官。臉偏斜神情不安穩，眼睛有精亮的光彩，性情不穩重不安分。雖然『目有精光』，但曾氏並未看好吳，很可能是吳的『面偏』和過於好動的緣故。

彭瓊英，三十三歲。平江縣北鄉人，與彭大壽爲同族。咸豐四年爲凌煌壽的部屬，咸豐五年冬天到的蘇官渡。咸豐七年充當哨長，咸豐八年升任哨官。鼻梁正，眼睛不敢向上看，而臉上有正正堂堂的氣色。天頭上注明：『父親已死，母親健在，有妻，没有兒子。弟弟二十六歲，有兒子。耳朵好。』因爲鼻梁正、耳朵好，面有正色，彭瓊英成了所接見的五個人中唯一給曾氏留下好印象的人。

□鑒王春發等三人

原文

○王春發，口方鼻正，眼有清光，色豐美，有些出息。初當散勇，在吳穩正處打大旗。五年冬當百長，八年三月幫辦。年二十三歲。父四十六，母四十。

△毛全昇，鼻梁正，中有斷紋。目小，睛無神光。口小，不可恃。住平江五里亭。四年隨李擴夫，六年十二月在貴溪充哨長，現充哨官。（天頭：父亡母存。弟二十四，在本哨當勇。四年至今未假。衢州充哨官。）

△唐順利，三十八歲，常寧人。目小有精光，眉粗，笨人。二年在長沙入蘇營，至南京。五年在李卿雲麾下當奮勇。貴溪升哨長。本年三月升哨官。（天頭：三年至江西羅玉麾下。兄弟四人，三兄皆在家。髮粗。）（咸豐八年十月二十八日）

評點

王春發，嘴巴厚實鼻梁端正，眼睛裏有清亮的光彩，面容飽滿漂亮，看起來有些出息。起先當散勇，後在吳穩正那裏舉大旗。咸豐五年冬當百長，咸豐八年三月升爲幫辦。年齡二十三歲。父親四十六歲，母親四十歲。從曾氏的記載來看，王春發可算得上一個靚仔。尤其是口方鼻正，在曾氏的眼裏，屬於老實正派人的長相。此人二十歲即當百長，可見也有能力。曾氏爲之畫了一個圓圈。

毛全昇，鼻梁正，但鼻梁中部有斷裂的紋路。眼睛小，眼珠子没有神采。嘴巴小。不可依恃。家住平江五里亭。咸豐四年跟隨李擴夫，咸豐六年十二月在貴溪縣充當哨長，現當哨官。天頭上注明：『父親已死，母親健在。弟弟二十四歲，在他的哨裏當勇丁。投軍四年未請過假，在衢州時升的哨官。』毛全昇的長相上有不少缺點：眼小嘴小，眼睛又無神，而最大的缺點或許是鼻梁有斷紋，所以，即便身爲哨官，曾氏也没有看好他。

唐順利，三十八歲，常寧人。眼睛小，有精亮的光彩，眉毛粗，是個笨拙的人。咸豐二年在長沙投蘇營到過南京。咸豐五年在李卿雲帳下當奮勇。在貴溪時升的哨長。咸豐八年三月升的哨官。天頭上注明：『咸豐三年到江西投羅玉帳下。有兄弟四人，三個哥哥都在家。頭髮粗。』唐順利給曾氏的印象是個粗笨之人。此人若做勇丁，可能是個能衝鋒、不怕死的好勇，但作爲哨官，粗笨者難以負重任。所以，曾氏在他的名字上畫了一個三角符號。

□鑒張光明

原文

張光明，碓坎井人，凱章之族侄孫，年二十六歲，癸巳生。初在撲山營，四年在羅山營，從攻武漢、九江等處。六年二月，受傷回里。至沅甫處當哨官。八年春，代理營官四個月。目秀，頗聰明。母没父存。（咸豐九年二月二十一日）

評點

二月二十一日，曾氏『傳見吉字哨官張光明、胡松江二人』，胡松江在三個多月前已見過，張光明則是初次見面，故曾氏祇記下張的簡況。

張光明，湘鄉碓坎井人，張運蘭（字凱章）的同族侄孫，年齡二十六歲，道光十三年出生。起初在王鑫（字璞山，也寫作撲山）軍營。咸豐四年在羅澤南軍營，跟隨羅攻打武漢、九江等地方。咸豐六年二月受傷回老家，傷好後到老九軍營當哨官。咸豐八年春代理營官四個月。眼睛清秀，比較聰明。母親去世，父親健在。曾氏未給張光明畫任何符號，但從評語中可以看出對張頗有好感。張光明後來作爲營官率部攻進南京，受到朝廷封賞。

□鑒賀湘洲

原文

賀湘洲，湘潭江車人，年三十八歲，在湘潭開絲綫店。咸豐四年被兵，出至羅山營當勇，後開前營當護哨，今在朱處當哨官。鼻梁太削，鼻右有小子，目有清光。

周溯賢，葭浦，桂平人，丙午舉人，辦團保知縣，選安徽英山縣，奉改東鄉縣。人尚樸實。（咸豐九年二月二十三日）

評點

二月二十三日下午，曾氏『傳見吉營哨官二人』，但祇在日記中記下賀湘洲的簡況。

賀湘洲，湘潭縣江車人，年齡三十八歲，在湘潭城裏開絲綫店。咸豐四年湘潭城遭受兵灾，出城到羅澤南軍營當勇丁，後到開前營當護哨，現在朱姓營官處當哨官。鼻梁太乾瘦，鼻梁右邊有小瘤子，眼睛有清亮光澤。賀湘洲的缺點是鼻梁太削，優點是目有清光。曾氏未給賀留記號，估計一時還拿不準。

這一天，曾氏還記下一個名叫周溯賢的簡況。

周溯賢，字葭浦，廣西桂平縣人，道光二十六年的舉人，選派安徽英山縣令，後奉旨改派東鄉縣令。人還樸實。此人顯然不是湘軍中的人，而是當天所見的客人中的一個。看來曾氏對周縣令的印象尚可。

□再鑒張光明等四人

原文

張光明，中前哨。凱章之侄孫，曾代營官。明白。

胡松江，花石人，中左哨。

黃東南，大邑塅人，麻子。中右哨。似文童之笨者。

熊登武，中右哨。沅之妻侄。睛黃，明白。（咸豐九年二月二十五日）

評點

二月二十五日早飯後，曾氏『傳見吉中營哨官熊登武、黃東南』二人。此二人先前已見過，也在日記中記過他的簡況，這次又添加新的印象。對於黃東南，曾氏感覺他好像是文童中的愚笨人。對於熊登武，也對原先的簡況增添加幾句話：老九妻子熊氏的娘家侄兒。眼珠子呈黃色，心思明白。

張光明、胡松江兩人，也是先前見過，今天並未再見。曾氏可能因傳見黃、熊兩人而又想起他們來，並爲張光明補上『心裏明白』的印象。

□鑒李昇平，再鑒周玉堂、劉湘南

原文

周玉堂，大子打下唇。制營哨長。

劉湘南，甲武生，居近蓮花橋。制營哨長。可愛。祖母在，母在。

李昇平，溆浦人，沅州協守兵。四年，隨楊昌泗出。五年，至平江營充先鋒，鷹潭案保把總，貴溪案千總，玉山案守備。年二十八，無父母兄弟。眼有黃光，貌平平。（咸豐九年二月二十五日）

評點

周玉堂、劉湘南二人，曾氏先前均已見過，本日爲周添補上大炮子傷的是下嘴唇，爲劉湘南補上祖母還健在的信息。

李昇平爲初次見面，因而記載較細點：溆浦人，原爲綠營沅州協的守兵。咸豐四年隨楊昌泗出來。咸豐五年到平江營充當先鋒，在鷹潭戰事中保舉把總，在貴溪戰事中保舉千總，在玉山戰事中保舉守備。年齡二十八歲，沒有父母兄弟。眼睛中有黃光，長相一般。湘軍中營哨一級的軍官，絕大多數都是直接從家鄉走出投奔各個軍營的，像李昇平這樣的由綠營士兵轉過來的並不多。曾氏不信任綠營。綠營中的中高級將領，湘軍一般不接收。綠營中的逃兵散兵，湘軍一般也不接受。『眼有黃光』，在曾氏看來較好；『貌平平』，說明曾氏對李整體印象不太好。

□鑒黃萬清，再鑒沈寶成

原文

黃萬清，寧鄉七都灰湯人。二年在張石卿處充壯勇，三年隨岷樵救江西，曾打廣濟土匪。四年正月在郴州入迪營。父母没。四十歲。一弟一侄，無妻子。

沈寶成，新染鋪人，去黃澤遠四十里。抱子。兄弟四，渠一，其二死濠頭堡，三死嶺東。『清而有情』，去年之考語也。

（咸豐九年二月二十七日）

評點

曾氏在咸豐八年十月初六日記中有沈寶成簡況的記載，並有『清而有情』的評語。上次說他『有妻無子』，這次加『抱子』二字，當是指沈抱養了一個兒子。

黃萬清爲初次接見，記載內容稍多些。黃爲寧鄉縣第七都灰湯人。咸豐二年在張亮基（字石卿）那裏充當壯勇，咸豐三年隨江忠源（字岷樵）救援江西，曾打過廣濟的土匪。咸豐四年正月在郴州投李續賓軍營。父母都已去世。有一個弟弟一個侄兒，無妻無兒子。對於黃，曾氏未記下他的長相及神態，也無考語。

□鑒陶日昇、胡暉堂

原文

陶日昇，寧鄉人，去白箬鋪二十里。二十四歲。四年在田家鎮入彭三元營。六年四月入朱品隆營。父母没。兄弟四人，長在家種田，次在前營當勇，前哨，三六年在黃州陣亡，日昇第四。鼻小，腰挺，伶俐有情，亦慮其滑。

胡暉堂，廿五歲，聰明伶俐。

（咸豐九年二月二十八日）

評點

陶日昇，寧鄉人，離白箬鋪二十里。二十四歲。咸豐四年在田家鎮投彭三元軍營。咸豐六年八月投朱品隆軍營。父母不在世。有兄弟四人，老大在家種田，老二在前營前哨當勇丁，老三咸豐六年在黃州陣亡，陶日昇爲老四。鼻子小，腰板挺，爲人機靈有情感，但也擔心可能圓滑。曾氏未在陶日昇名字前作記號，揣其詞義，似對陶有較好印象。

胡暉堂此人，筆者懷疑即咸豐八年十月初六日記中的『胡輝堂』。對於胡輝堂，曾氏有『年二十五歲，短小精明』的記載，與這次所記的『二十五歲，聰明伶俐』很接近。

□鑒吳水梅、蕭賞謙

原文

〇吳水梅，平江龍門廠十五里。廣信入營。由散勇、親兵升先鋒，帶一隊，八年十二月，吳蘭蕙告假，代中哨哨官。年二十五。母存父没。兄二人。身長，目小而有情，滿面堆笑。

〇〇蕭賞謙，平江長壽司。蘇官渡入營，貴溪升什長，衢州升哨長。父母皆存，藍翎把總。兄一讀書，弟一耕田。耕作爲業。武人而有儒雅氣，身段穩稱，鼻正眉疏，似有用之才。中哨哨長。（咸豐九年三月初三日）

評點

吳水梅，平江縣龍門廠十五里人。在江西廣信府投的軍營。由散勇、親兵升爲先鋒，管帶一隊人馬。咸豐八年十二月吳蘭蕙請假時，代理中哨哨官。年齡二十五歲。母親健在，父親去世。兄弟二人。個子高，眼睛小但有情致，滿臉都是笑容。曾氏爲吳畫了一個圓圈，因爲吳個子高，又對人友好。

蕭賞謙，平江縣長壽司人。在蘇官渡投的軍營。在貴溪升的什長，在衢州升的哨長。父母都在世。現爲藍翎把總。有一個哥哥在讀書，有一個弟弟在種田。家中以種田爲業。身爲武人但有儒雅之氣，身段穩當勻稱，鼻梁端正眉毛疏朗，像是個有用的人才。現居中哨哨長之職。蕭作爲軍人而有文人之氣，又身材穩稱，鼻正眉疏，很受曾氏賞識，爲之畫了兩個圓圈。

□鑒黃菊亮，再鑒彭瓊英

原文

△黃菊亮，平江西鄉，去縣二十里。父母亡，兄弟四人，行二。兄在家，弟當前哨護哨，三來投效。五年春入營，在胡蓋南部下。六年九月十三，在崇仁充哨長。鼻削，目小，面不大。前哨哨長。

〇彭瓊英，上年十二月十六見一次。前哨哨官。（咸豐九年三月初四日）

評點

黃菊亮，平江縣西鄉人，離縣城二十里。父母都已過世，兄弟四人，他本人排行老二。哥哥在家，四弟當前哨護哨，三弟也前來投效。咸豐五年春投的軍營，爲胡蓋南的部下。咸豐六年九月十三日在崇仁充當哨長。鼻子瘦削，眼睛小，臉不大。現爲前哨哨長。黃小頭小臉又鼻削，曾氏不喜歡這種長相的人，故在黃的名字前畫了一個三角符號。

至於彭瓊英，曾氏説咸豐八年十二月十六日見過一次，但從日記上來看，曾氏見彭是在咸豐八年十月二十六日。或許是筆誤，也或許是十二月十六日又見了彭一次，而這次是第三次見面。不管是第二次，還是第三次，總之，曾氏對彭的印象是好的。

□鑒戴豐福，再鑒毛全昇

原文

戴豐福，平江北鄉，去縣城三十里。三年隨林源恩，四年隨蔣益澧，在九江隨余至江西省。平江立軍，即在左哨。初充抬槍勇，在貴溪屈營官手拔哨長。父五十七，母五十六，弟四人俱在家，力田營生。五敦子身材，面帶哭。左哨長。

毛全昇，左哨官，十月廿六日見。（咸豐九年三月初五日）

評點

曾氏三月初五日『傳見哨官兩次』。

戴豐福，平江縣北鄉人，離縣城三十里。咸豐三年跟隨林源恩，咸豐四年跟隨蔣益澧，在九江時隨曾氏到南昌。湘軍在平江初建軍營時即在左哨。起先充當放抬槍的勇丁，在貴溪時由屈營官親手提拔爲哨長。父親年齡五十七，母親年齡五十六，有弟弟四個都在家，耕田謀生。五短身材，面帶哭相。現爲左哨長。曾氏未給戴下評語，但『面帶哭』三字，説明印象可能不是很好。

傳見的另一個人爲毛全昇。毛全昇在咸豐八年十月二十七日被曾氏傳見過一次，並將簡況寫在二十八日的日記中。這裏説『十月二十六日見』，應當是曾氏記錯了一天。

□鑒李佑厚、潘光前

原文

○李佑厚，平江東鄉，去龍門廠五十里。五年二月入營，六年三月在撫州升哨長，八年三月在衢州升哨官。五短身材，目黃明，身稱，眉濁。父六十五，母五十五。兄弟三人，兄在本哨先鋒，弟在本哨散勇。初在左營義哨，吴藎臣所帶。耳長。後哨官。至今未告假。

△潘光前，平江西鄉，去縣二十里。五年蘇官渡入營，八年在衢州升哨長。一弟跟官。父母皆五十餘。五短。種田營生。平沓面。（咸豐九年三月初六日）

評點

初六日曾氏又『見哨官二次』。一爲李佑厚，一爲潘光前。

李佑厚，平江縣東鄉人，離龍門廠五十里。咸豐五年二月投的軍營，咸豐六年三月在撫州升爲哨長，咸豐八年三月在衢州升爲哨官。五短身材，眼珠黃色，眼光明亮，身材勻稱，眉毛渾濁。父親六十五歲，母親五十五歲。有兄弟三個。兄長在他的哨裏當先鋒，弟弟也在他的哨裏做散勇。起初在左營義哨，營官爲吴藎臣。耳朵長。現爲後哨官。投軍四年多没有請過假。

李佑厚投軍一年後即升爲哨長，再過兩年又升爲哨官，可見李能幹。除『眉濁』外，李的長相各方面都不錯。曾氏喜歡黃眼珠的人，認爲這種人有膽量有決斷。李的眼睛既黃又明亮，故而曾氏看好他，爲他畫了一個圓圈。李後來做到記兵提督，躋身湘軍高級將領之列。

潘光前，平江縣西鄉人，離縣城二十里。咸豐五年在蘇官渡投軍營，咸豐八年在衢州升爲哨長。有一個弟弟，在官府裏做事。父母都有五十來歲。以種田謀生。臉扁平，鼻梁沓。在曾氏看來，潘光前是一個長相極爲普通的人，故而爲他畫了一個三角形。

□鑒張恒彩等五人

原文

張恒彩，平江東鄉人，年三十三歲。四年隨胡潤翁。五年春隨余入江西。旋在次青中營當小藍旗。七年貴溪升先鋒。八年衢州升哨長。母五十五，酒保營生。兄弟四人，次在建武營當棚頭，三、四在家小貿。目精光而動，小有聰明，不甚可靠。右哨長。

唐順利，右哨官。

哈必發，塔軍門之親兵。五年八月調至南康，發蘇官渡之前營。旋派至青山，調入完字營，後至平江老中營，現帶新田勇四十名、潮勇二十九名。鼻削，目有清光，似吃洋烟。滑。九兩。

李廷鑾，新田人。五年三月入新字營，十一月隨周鳳山至樟樹。六年冬，革李新華，將新字營交峙衡。七年三月，渠赴貴溪投楊得春麾下，八十人。七月歸屈蟠，八年至衡州。九年告假在家十日，二月十四自新田啓行來。三十一歲，未取妻。父母故。目動面歪，心術不正，打仗或可。六兩。

劉烈，潮州人，有老母，年三十一歲。咸豐七年，來江西投效，現帶潮勇廿八人。目深，天廷高，面有正色。（咸豐九年三月初七日）

評點

三月初七日，曾氏在早飯後兩次接見哨官，並記下他們的履歷。

張恒彩，平江縣東鄉人，年齡三十三歲。咸豐四年跟隨胡林翼，咸豐五年春跟隨曾氏進入江西，不久在李元度中營扛小藍旗。咸豐七年在貴溪升爲先鋒。咸豐八年在衢州升爲哨長。母親五十五歲，家裏以開酒店爲生。有兄弟四人，老二在建武營當什長，老三老四在家做小買賣。眼珠子明亮但好動，有小聰明，不很可靠。現爲右哨長。看來曾氏對張的印象不太好。

曾氏在四個多月前傳見過唐順利，所以這次衹爲他記下『右哨官』三個字。

哈必發，塔齊布的親兵。咸豐五年八月調到南康，分發駐防在蘇官渡的前營，不久委派到青山，調進完字營，後到平江老中營，現管帶新田勇四十名、潮州勇二十九名。鼻翼乾瘦，眼光清淡，好像吃過鴉片烟。油滑。哈必發這種人，在曾氏手下必定不發達。

李廷鑾，新田縣人。咸豐五年三月投新字營，同年十一月隨周鳳山到樟樹鎮。咸豐六年冬，李新華遭革除，新字營交給劉峙衡。咸豐七年三月，李到貴溪投楊得春帳下，楊那時有八十人。同年七月歸屈蟠管帶。咸豐八年到衡州府。咸豐九年請假，在家住了十天，同年二月十四日從新田動身來。三十一歲，沒有娶妻。父母亡故。眼珠子游動，臉是歪的，心術不正當。打仗或許可以。曾氏顯然不喜歡李，但可以用他。

劉烈，廣東潮州人，年齡三十一歲，家中有老母親。咸豐七年來江西投軍，現在管帶潮勇二十八人。兩眼凹陷，額頭高，臉上有正正堂堂的氣色。曾氏給劉烈的評語是正面的。

□相人十二字

原文

早，清理文件。飯後見客二次。至後樓看戈什哈射箭，賞二人。旋見哨官三次。午正，接奉朱批諭旨，係三月十五在大路游所發之二摺一片。温弟之子紀壽奉旨於及歲時帶領引見。未初，寫家信，叔父一件，三弟一件，專人送恩旨回家。申刻起行，限十六到家。見客四次。寫胡潤翁信一件，習字二紙，温《韓信傳》。夜思相人之法，定十二字，六美六惡，美者曰長、黄、昂、緊、穩、稱，惡者曰村、昏、屯、動、忿、遁。（咸豐九年三月初八日）

評點

這天夜裏，曾氏爲相人想了十二個字。其中美相六字，分别爲長、黄、昂、緊、穩、稱。惡相六個字，分别爲村、昏、屯、動、忿、遁。筆者試圖解釋一下這十二個字。

長，個子高大。曾氏這些日子一直在召見軍官，他腦子裏的人才，主要應是軍事方面的。帶兵打仗，與人拼殺在沙場上，自然是身材高大者爲好。

黄，這裏應當指的是眼珠子的顔色，曾氏認爲黄色的眼珠子比較好。他看好哨官李佑厚，李的長相有一項是『目黄明』。

昂，器宇昂揚挺拔。曾氏在所傳見的營哨官中，凡記下『挺』『板』這樣字眼的，均是好印象。

緊，指人的精神處在緊致、緊張等狀態。它應是『敬』的外在表現形式，是鬆垮、懶散、拖拉等的反面詞。軍人是要隨時應對危險的，他的精神要『緊』而不要『鬆』。

穩，指人的舉止行爲穩重、穩當、穩妥，這是辦大事所需要的素質。

稱，指身材匀稱。

以上六個方面所體現的是人的美相美德。

村：鄙陋、庸俗、粗野。

昏：糊涂、昏聵、不明事理。

屯：困苦艱難之意，出現在人的表象上，則爲俗語所謂苦難相，也就是不開朗，不樂觀，不陽光。

動：躁動，浮躁，不安静。

忿：容易生怒，沉不住氣，脾氣不好。

遁：逃避，躲藏。不敢任事，無迎難而上之志。

以上六個方面，所體現的是人的惡相惡性。

□鑒李祥和

原文

李祥和，常漢人，芷秋對門，二十八歲。兄弟八人。張開輯死後，曾充幫帶官。母七十。眼有光

而浮，心尚明白，亦慮其滑。（咸豐九年三月初十日）

評點

初九、初十兩天，曾氏先後傳平江營的六個先鋒官，李祥和應是這六人之一。李爲常漢人，家在芷秋對門，二十八歲。有兄弟八人。張開輯死後曾經充當過幫帶官。母親七十歲。眼睛光亮但浮泛，心思尚且明白，也擔心此人油滑。曾氏由李的眼光『浮』而有其心『滑』之慮。在打南京的戰役中，李立有大功，曾氏後來保舉他爲安徽壽春鎮總兵。

□貴相賢才相

原文

早出，巡視營墻。飯後清理文件。派唐義訓、何應祺等至城内外察看地勢。見客三次。寫李筱泉信一件。小睡片時。中飯後見客二次。雲三、愚一來營，皆房族表弟。愚一則冕四舅氏之子也。讀《史記・鄭世家》畢。夜，温《孔子世家》。日内襟次不甚開拓，夜不成寐。本夜睡味較美。

細參相人之法：神完氣足，眉聳鼻正，足重腰長，處處相稱。此四語者，貴相也，賢才相也。若四句相反則不足取矣。（咸豐九年十一月初八日）

評點

曾氏提出貴相、賢才相的四種表現：

一爲神完氣足，指的是精氣神充足。

二爲眉聳鼻正，指眉骨高聳、鼻梁端正。

三爲足重腰長，指走路穩重、腰部較長。

四爲處處相稱，謂五官、身材勻稱，即美相中的『稱』也。

□相人口訣八句

原文

早飯後清理文件，旋圍棋二局。閲汪龍莊先生輝祖所爲《佐治藥言》、《學治臆説》、《夢痕録》等書，直至二更。其《庸訓》則教子孫之言也，語語切實，可爲師法。吾近月諸事廢弛，每日除下棋看書之外一味懶散，於公事多所延擱，讀汪公書，不覺悚然！酉刻，幼泉來談。閲本日文件。夜閲批札各稿。二更後温《古文・氣勢之屬》。四點睡。因將分内職事定一常課，作口訣曰：『午前治己事，午後治公文。有客隨時見，查閲勤出門。二更誦詩書，高吟動鬼神。』

因憶余昔年求觀人之法，作一口訣曰：『邪正看眼鼻，真假看嘴唇；功名看氣概，富貴看精神；

主意看指爪，風波看脚筋；若要看條理，全在語言中。』二訣相近，聊附記之。（同治四年十一月十三日）

評點

曾氏將自己過去的鑒人之術，總結爲八句話。這是很有意思的相人口訣。

邪正看眼鼻。邪正指人的心術：是奸邪小人，還是正派君子。人的心術，很大程度取决於天性，即與生俱來的善良、寬容以及兇殘、苛刻等等。眼、鼻，尤其是鼻的情况如何，與生俱來的狀况占主要部分。但邪正也關乎人的學問與閱歷。學問與閱歷可以促使一個人由邪轉正，而這種學問與閱歷是可以從眼睛中表現出來的。常言説眼睛是心靈的窗户。人們可以通過眼睛來窺測出某人的心靈。當然，所看到的心靈，或許是其天性，也或許是其經過修正了的；即便是修正後的，祇要是善良的、寬容的，也是一樣的好。細看前面所抄録的曾氏傳見營哨官的簡要記載，可知在他看來：鼻梁端正、豐潤、高挺者爲好，鼻梁乾削、歪斜、有斷紋者爲不好；眼神精亮、眼珠爲黄色者好；眼神清浮、眼珠好動者不好。

真假看嘴唇。真假指人的品性與表現。一個人不可能在他的一輩子中對每個人、每件事都真誠，也不可能都虚假。在大節、大事或者大體上是真誠的，這個人便可以視爲真，反之則爲假。真人在對某個人或某件事上也會表現出假來，同樣的，假人也可能在對某個人或某件事上是真誠的。如何識别真與假，曾氏認爲看的是嘴唇。如何看，可惜曾氏没有展開來説，從他的鑒人記載中可以看出他對嘴唇圓方的人印象較好。如劉湘南『口圓』、王春發『口方』，這兩個人的名字前面，曾氏都畫了圓圈。

功名看氣概，富貴看精神。功名富貴，是許多人活在世上的真正追求，或者更恰當地説是首要追求。能否功名富貴，看的是什麽？是氣概與精神。氣概與精神，有先天的緣故，但更多的是後天的因素，故而功名富貴可以依靠後天的努力來獲得。這與孔子所説的『富貴在天』略有些不同。曾氏所説相人之法六美六惡中的十二個字，除開長、黄、稱三個字外，其他的昂、緊、穩、村、昏、屯、動、忿、遁九個字，全説的是一個人的氣概與精神。

主意看指爪。主意，指人遇事是否有主見以及主見的堅定與否。曾氏認爲，這要看他的手掌與指甲。曾氏在他的另一份札記中留下過這樣的話：『指甲堅者心計定，指長者聰明。』意謂指甲堅硬者主意堅定，手指長者主意多。

風波看脚筋。風波，指的是風浪、風險、波折等坎坷不順甚至危難的境况，能否在這些境况中站得穩，要看脚後筋。什麽樣的脚筋好呢？曾氏没有説，估計可能是粗壯、有力量的脚筋。

若要看條理，全在語言中。一個人的思維是否有條理，得從他的説話來看。曾氏看重説話，但又不喜歡那些太會説話、太愛説話的人。曾氏對『語言』的要求是什麽呢？他曾經説過，説話的要點在兩個方面：一爲中事理，即話要説在道理上；一爲擔斤兩，即話要有分量。

夢境

睡覺中做夢，這是再平常不過的事了，今人一般不會太在意夢境，也不會把夢中的情景鄭重其事地寫在日記裏。但古人受時代的限制，對人爲什麼會做夢弄不明白，故而把夢看得很重，曾氏應是其中之一，所以他會把一些他認爲重要的夢記下來。人們常説『日有所思，夜有所夢』，我們可以通過夢境能更多地瞭解曾氏。這裏所選的曾氏關於夢境記載的十一篇日記，分别爲：夢得利、夢江忠源、三次夢到祖父、父親、叔父、夢孫銘恩、夢乘舟登山、夢父柩發引遇阻、三次夢見劉墉、夢竹木環繞之處。這十一篇中，夢到至親者有四篇。曾氏無疑是一個政治人物，但在他的心中，自己的血親還是最重要的。夢到劉墉的有兩篇，可見在書法上，他是發自内心尊崇劉墉的。

曾氏平生所做的夢，當然不止這些，許多的夢境他没有記載，但他在日記中説了一句很重要的話：『余數十年來，常夜夢於小河淺水中行舟，動輒膠淺；間或於陸地村徑中行舟，每自知爲涉世艱難之兆。』原來，獲得人生大成功，受無數人頂禮膜拜的曾氏，他的一生常在痛苦中度過。

□夢人得利

原文

早，讀《明夷卦》，無所得。飯後，辦公禮送海秋家，煩瑣。出門，謝壽數處，至海秋家赴飲。渠女子是日納采。

座間，聞人得别敬，心爲之動。昨夜，夢人得利，甚覺艷羨，醒後痛自懲責，謂好利之心至形諸夢寐，何以卑鄙若此！方欲痛自湔洗，而本日聞言尚怦然欲動，真可謂下流矣！

與人言語不由中，講到學問，總有自文淺陋之意。席散後閑談，皆游言。見人圍棋，躍躍欲試，不僅如見獵之喜，口説自新，心中實全不真切。

歸，查數。久不寫賬，遂茫不清晰，每查一次，勞神曠功。凡事之須逐日檢點者，一日姑待後來補救，則難矣！況進德修業之事乎？

是日席間，海秋言人處德我者不足觀心術，處相怨者而能平情，必君子也。此余所不能也。

記本日事。（道光二十二年十月初十日）

評點

這是一篇很有趣的日記。

首先，我們可以看到一個翰林的俗務：翰林院同事湯鵬的女兒訂婚，大家凑錢買禮物祝賀，曾氏出頭來辦這個事，又送禮到湯家，吃喜酒。明天是曾氏三十二歲生日，有幾個朋友送來壽禮。曾氏一家家地前去感謝。閑談、觀人圍棋之後回到家裏，又忙於記賬，弄得他勞神曠功。這是曾氏日常生活中的普通一天。他這一天的內容，跟芸芸衆生一個樣，沒有半點翰林的書卷氣。

再者，我們也看到了一個翰林的心思：酒席間聊天，曾氏聽到一個人得到別敬時，心爲之所動。

清代官場有很多陋習，地方官向京官送錢乃其中一大項。夏天送錢謂之冰敬，冬天送錢謂之炭敬，陛見後離別京師時送的錢，則謂之別敬。關於別敬，筆者在本書《陪侍同治帝宴請外藩》一節中已有介紹，此處不再贅述。

地方官送錢給京官，一方面是他們主動要與京官聯絡感情，以求得辦事的方便，另一方面也是因爲京官的俸祿不高，京官也渴望能得到地方大員的幫助。尤其像曾氏這樣的京官，既身處清水衙門翰林院，又位卑資歷淺，日子過得緊巴巴的，自然是很想得到敬銀的，怪不得他心動。

有意思的是曾氏將這種聞利心動，與昨夜的夢境聯係起來，對自己進行了一番嚴厲的批判。曾氏昨夜夢見別人得到好處，心裏面很是羡慕。醒後，他對夢中的這個心態痛加指責，批評自己的好利之心居然在夢裏都表現出來，何以卑鄙到如此地步！本想對此心徹底予以洗滌，不料白天又舊病復發，真個是下流！

對於今人來説，曾氏的這些思想簡直不可思議。因爲今人既認爲聞利心動合乎常情，更不把夢境當作一回事。然而，正是這兩點上，體現出曾氏與我們在境界上的很大區別。

這段時期，曾氏正在嚴格地自我修身。他要求自己所思所想所作所爲，都要按照聖賢所教去做。孔子説：『君子喻於義，小人喻於利。』自己老想着『利』之事，可見仍是小人而非君子。孔子還

説：『君子憂道不憂貧。』日子雖清貧，不值得憂慮；對『道』的領悟若不够，則應憂慮。自己不去憂道而對物資上的清貧老是記掛，可見境界亦不高。因爲這樣，曾氏對自己的聞利心動不能容忍，予以狠狠地批判；尤其是屢犯不改，更可恨。

對於做夢一事，中國古代的讀書人看得很重。孔老夫子一句『甚矣吾衰也，久矣吾不復夢見周公』的感嘆，他的弟子們鄭重其事地記在《論語》裏。於是乎，兩千年來，在儒家信徒的文字語境中，做夢也就變得鄭重其事，不可掉以輕心。曾氏對夢境這樣看重，其源蓋出於此。

從今天的眼光來看，曾氏對於利與夢境的這種認識的確有點迂闊，但從迂闊之中可以看出曾氏修身的真誠與勇氣。對內心的活動與夢境裏的心思如此當作一回事，以至於用『卑鄙』、『下流』這樣的字眼來咒駡自己，這説明曾氏對滌舊生新的修身之事的真心實意。曾氏的日記既要在朋友圈中傳閱，又要定期交老師唐鑒先生審讀，能在日記中揭短亮醜，需要勇氣。曾氏在這裏所體現的是儒家學説的慎獨。《大學》、《中庸》三次提到『君子慎其獨』，慎獨是修身的最高標準。一個能做到慎獨的人，纔是真誠的人，而真誠的人纔具有自我批判的勇氣。曾氏曾經寫過一篇《君子慎獨論》，向世人表達他『獨知之地，慎之又慎』的決心。

這篇看似迂闊的日記，彰顯的是曾氏慎獨的可愛。

□夜夢江忠源

原文

是日，冬至節。四更起，望闕行禮。建昌府縣兩學及武營游擊、守備皆隨同行禮，本營文武隨班者四人。禮畢，各員弁來賀。五更末復小睡。飯後至廠看操，賞花紅銀者十人，罰薪水者二人。中飯後會客三次，抄搢紳吉安府，江西抄畢。金溪紳民來，具禀留余久駐建昌，慰勞之。與子序久談。接澄侯弟十一月初五信，始知三河敗挫之信，係接陳伯符信中所言，猶意迪庵老營必無恙也。夜温《大誥》。

夢江岷樵如平生歡。多年未入夢，茲忽夢之，不勝傷感！但不知温弟果生存否？温與岷亦至交也。（咸豐八年十一月十八日）

評點

曾氏在爲父親守喪一年零四個月後，於咸豐八年六月再次出山。朝廷爲何再次令曾氏出山呢？原來，曾氏駐扎多年的江西省，近幾個月來的軍情大有變化。四月上旬，在水陸合攻之下，九江府城被湘軍拿下。接下來，蕭啓江、劉坤一等部克復撫州府城。四天後，張運蘭、王開化部又收復建昌府城。江西的太平軍轉而進入浙江。浙江告急。朝廷原任命總兵周天受督辦浙江軍務，因援兵乃湘軍，朝廷擔心周資望淺不足以服衆，改調江寧將軍和春爲統帥，但和春患病不能奉旨，於是朝廷再次啓用

曾國藩。

再次出山的曾氏依舊未擺脱困境。十月中旬，李續賓部六千餘人在安徽三河鎮全軍覆没，曾氏六弟國華亦在其中。十多天後，曾氏在建昌府城，從彭玉麟的信中深得三河兵敗的消息，但彭玉麟並不知詳情，説李續賓、曾國華都已安全突圍。不久，曾氏又接到李續賓的部屬趙克彰的來信，言不知李續賓、曾國華等人的下落。曾氏『心慌亂』，感覺到事情不妙。進入到十一月後，曾氏幾乎天天爲此事憂懼，幾至寢食不安。十八日又接四弟來信，信中自然主要談三河之事。

就在這天夜裏，曾氏夢見江忠源，見江忠源依舊如過去一樣的心情歡暢。江忠源已死去四年多了，一直没有夢見過他。這次之所以入夢，顯然是因爲思念曾國華的原因。雖未接到確信，但曾氏心裏已認定老六陣亡了。於是，在夢中，出現了同爲陣亡的江忠源。

值得注意的是夢中的江忠源『如平生歡』，可見江忠源是以歡快陽光的印象深刻地留在曾氏的腦中。黎庶昌的曾氏年譜中説江忠源是個『不事繩檢』之人，但『繩檢』的曾氏與江説起市井瑣事來，可以酣暢大笑地談一兩個小時。這裏透露兩個信息：一、江是一個很具表達力、感染力富有生活情趣的人。二、從骨子裏來説，曾氏與江很投緣，很相通，由此可知曾氏決不是一個迂腐的冬烘先生。細節可以幫助我們窺見人的本性。『如平生歡』這個細節，讓我們能更深刻地認識曾國藩與江忠源。

□夜夢父親

原文

早出，巡視營墻。飯後清理文件，見客五次，寫胡中丞信。中飯後閲《後漢書·安帝紀》、順帝、冲帝、質帝紀。目光甚蒙。夜接九弟信，言及修昭忠祠並東皋書院事。旋温《九辯》，又默誦《書經·吕刑》篇，似有所會。

夜夢見父親大人，久不入夢，偶一得見，亦少慰也。（咸豐十年二月二十二日）

評點

在父親去世三年後，曾氏於夢中再次見到這位曾家老太爺。

曾老太爺功名不順，纔具也遠不及他的父親，但他的確是一個很有福氣的人。他有一個强悍的父親，有一個能幹的内助，有五個不甘庸常的兒子、四個嫁在近處易於照顧娘家的女兒。他活到六十八歲。壽雖不算太高，但在當時，也稱得上中等偏上了。尤其是他有一個了不起的長子。此子點翰林時，他還不到五十歲。兒子以後的官位節節攀升，做到二品大員時，老子還不到六十歲。父以子貴。曾老太爺確確實實享了兒子二十年的風光。

比起他的兒子們來説，曾老太爺的一生，祇能以平庸二字概括。但老爺子經歷雖平庸，腦子却明白。兒子升侍郎後，他去信告誡兒子拒絶私情：『做官宜公而忘私。』兒子直接批評皇帝，他提醒兒子『卿貳之職，不以直言顯，以善輔君德爲要』。兒子組建湘軍初戰不利，跳河自殺，他大不以爲然，教訓兒子，如再這樣『吾不爾哭』。從這些信中的話語來看，這位做了一輩子鄉村教書先生的老爺子，在國與家、公與私這些大道理上，他的認識畢竟比一般山野村夫要高明得多。作爲一個孝順的兒子，曾氏尊敬愛戴父親，即便是偶爾在夢中一見，他也感到欣慰。

□夢見祖父與父親

原文

早出，巡視營墻。飯後清理文件。巳正與尚齋圍棋一局。旋與少荃清理保舉單，至未正止，尚未完畢。中飯後閲宣秉、張湛、王丹、王良、杜林、郭丹、吴良、承宫、鄭君、趙典傳，桓譚、馮衍傳。傍夕，又閲申屠剛、鮑永、郅惲，至一更四點畢。是日，見客四次。困倦殊甚。夜蒸高麗參三錢服之。

睡尚甜適，夢見祖父大人、父親大人。（咸豐十年三月二十一日）

評點

近代的曾氏家族，無論從政治上、軍事上，還是從文化上來看，都在歷史上占有一席地位。這樣一個顯赫的家族，要説它的真正創始者，與其説是曾國藩，不如説是日記中所提到的『祖父大人』星岡公曾玉屏。

據曾氏《台州墓表》一文中所說，曾氏家族世代務農，衹是到了星岡公手裏，纔『大以不學爲耻』。正因爲有這樣的認識，纔有曾氏父輩的讀書人出現，纔有耕讀之家的出現。曾氏本人，正是依賴着科舉，纔有他的功名事業。星岡公作爲奠基者，功莫大焉！

其次，曾氏家族能大有作爲，其家風好是主要的原因。曾國藩多次說過，曾氏家風的創建者乃祖父。他本人反反復復地表示，他對家人所說的，實際上都不過是在傳承祖父的訓誡而已。他希望家人都要遵循星岡公所制訂的家法。

第三，興旺的曾氏後裔，其中不少優秀者乃曾氏諸弟子孫。從血脉上來說，其源頭是曾氏的父親麟書。但在長期三代同堂的大家庭裏，權威家長却是星岡公。道光二十九年，星岡公去世，曾氏最小的弟弟國葆都已二十二歲。五兄弟個個不安本分、勇於任事，顯然都是强悍的祖父多年來耳提面命的結果。

兩百多年前生活在偏僻山鄉的這位一生事業平凡的農民，其實，他的個體生命是極不平凡的。曾氏應該經常會記起他的祖父，夢中出現祖父與父親的形象，當屬正常。

□夢見叔父

原文

早出，巡視營墻。飯後清理文件，與尚齋圍棋一局。摺差自京歸，接雲仙及仙屏諸信，閱京報數十本。午刻，又與黄開元圍棋一局。倦甚，不能治事。復胡中丞信一件。中飯後閱《爾雅》、《小爾雅》、《廣雅》、《風俗通》，寫對聯八付。傍夕在外散步，若蕭瑟無所倚者。夜清理文件。復筱泉信、希庵信。

睡尚熟，夢見叔父大人，與余言甚久。（咸豐十年三月二十三日）

評點

曾氏的叔父驥雲兩個月前去世。曾氏得知後，給弟弟們寫信說：『自八年十一月聞温弟之耗，叔父即説話不圓。』可知，撫子國華的戰敗被殺，實爲曾驥雲早逝的最主要原因。死於戰事，無論是否曾氏本人調派，作爲最高統帥的這個大哥，都負有不可推卸的責任，故而對於叔父的去世，曾氏心中一定也存有愧疚。夜夢叔父，並與之言談甚久，難保不與這種愧疚之心無關。

曾氏全集中收有致叔父信七封。現存的曾氏家族的檔案中收有其叔給大侄子的信件兩封。第一封寫於咸豐元年六月初五日，是對曾氏批評咸豐帝一事的回應：『所付回奏稿，再三細閱，未免戇直太過，幸聖恩嘉納，真有唐虞君臣之風矣。嗣後靖共爾位，爲國忘家，盡忠圖報，不必念及家事。』第二封寫於次年正月初十，信不長，衹對侄兒說了一件事，即買了一塊很中意的陰宅地。

有意思的是這兩封信的開頭稱呼，一爲『愚叔驥雲字付滌生賢侄左右』，一爲『愚叔驥雲恭賀滌生侄賢中外新禧』。如此行文，雖有讀書人慣常的自謙一層的意思在内，但還有一層内容則更爲突出，那就是一個無功名、無財富甚至也無兒子的鄉下農民，面對着衹比自己小四歲的朝廷大臣侄兒時，那種出自於骨髓裏的自卑心態。今人讀來，唯有一嘆！

□夜夢孫銘恩

原文

早飯後，圍棋一局。旋清理文件，寫官中堂信、胡宮保信，九弟信。因瘡癢悶甚，晝睡甚久。中飯後，圍棋一局，習字一紙，寫竹莊信一件。在船頂亭子上久坐。夜寫九弟信、希庵信一、雪琴信一。睡不甚成寐。二更末，大風起，巨浪撼船，聲如雷霆。

夢孫蘭檢病重垂危、家人惶恐之狀。

是日，親兵營各哨官周良才、曹仁美訴其營官陳玉恒辦事不公，又哨官段清和、何映文亦來陳訴。傍夕接九弟公牘，洋船送米鹽接濟安慶城賊。費盡移山氣力，圍困安慶城賊，始令糧盡援絕，今忽有洋船代爲接濟，九仞功虧，前勞盡棄，可嘆可恨！天意茫茫，殊不可知，扼腕久之。（咸豐十一年四月二十一日）

評點

昨夜，曾氏夢見孫銘恩（字蘭檢）。說起來，孫銘恩是個可憐的人。

孫是江蘇通州人。道光十五年中進士入翰林院。咸豐二年典試廣東，回京時他取道九江。這時太平軍已冲出廣西，兩湖一帶戰火彌漫。孫在九江給朝廷上了一道關於江防十二事的奏疏，受到朝廷的賞識。咸豐三年，他接連獲得內閣學士、兵部侍郎的遷升，又被放到安徽任學政。安徽各省的學政向來住在太平府。這個時候的安徽也已成了戰場。咸豐四年，孫因父病請假回家省親，恰好這時，朝廷命他與在籍的前南河總督潘錫恩一道防守徽州、寧國一帶。孫在遞請假摺時，並不知道朝廷有這樣的安排。咸豐帝看到孫的這道摺子後心中很不高興，懷疑孫是借故規避，於是以很嚴厲的語氣指責他，雖然批准他回籍省親，但以假滿後則降職爲四品京堂作爲處罰。孫看到這道聖旨後大爲委屈，不敢回籍。不久，太平軍攻破太平府，人們勸孫離城避難。孫不肯，說：『城亡與亡，以明吾心。』他將衣冠穿戴整齊，坐在大堂上等待太平軍到來。

太平軍將他抓捕，押到南京。孫絕食不降，終被殺。消息傳到北京，朝廷謚孫爲『文節』，借以褒獎他的忠誠。曾氏是在咸豐九年十一月份進駐安徽的，離孫銘恩在安徽的被囚已有五年之久。他們並沒有一起在安徽共過事，却突然在孫被殺七年之後夢見孫，看起來似乎有點突兀。

其實，曾氏與孫是很熟悉的。他們一道在翰林院共事多年。道光二十八年，孫父六十大壽。孫在翰苑爲其父祝壽，同事們紛紛獻詩爲賀。孫將這些詩匯編成册，請曾氏作序。可見，曾與孫二人交情頗厚。

曾氏來到安徽之後，自然會聽到有關孫當年在太平府中的事。對於孫，他可能是敬重與憐憫的心情都有。『敬重』不說，爲什麼會『憐憫』呢？因爲孫衹是學政，雖有防守徽、寧之命，但他並未到任，與有守土之責的巡撫是不同的。作爲學政，當太平軍攻城時，他離開城躲避一下也不是不可以的。孫之所以不肯走，多半是因爲咸豐帝懷疑他怕死，他是有意以死來證明他不怕死的。倘若他不上請假摺，倘若咸豐帝不處罰他，他也可能就不會死。從這一點來看，孫是被咸豐帝逼死的，所以值得憐憫。

再者，曾氏現在也身在安徽戰場上。成敗生死，時刻都在他的考慮之中，他的處境與七年前的同事是一樣的。於是，因爲某一個原因的觸發，曾氏在夢中再現苦難中的老朋友。借此，我們也可以窺視到曾氏那顆戰時環境裏的不安寧之心。

同治四年四月初四、初五，曾氏在這兩天的日記裏又提到孫銘恩。一是爲孫作挽聯：『以文來，以節歸，毅魄長留兩江上下；因孝黜，因忠死，苦心可質萬世鬼神。』曾氏真是一個製聯高手，以『文』『節』『孝』『忠』四字精確地概括了孫的一生。二是送孫的靈柩回老家安葬。孫死在那種時候，居然十一年後還能找到遺體，也算是難得。

這天的日記還透露了一個重要的信息，即洋人幫助危難中的太平軍。過去的史書上常說的是洋人幫助清朝廷，很少見到洋人幫助太平軍的。這則日記以事實證明洋人的確也幫助過太平軍。在筆者看來，洋人的這種做法完全可以理解。洋人在中國的作爲之目的，首在謀利。衹要有錢賺，管你是朝廷方還是反朝廷方，他都給你辦事。我們若從這個角度來看當時的中外關係，或許可以看得更加明瞭些。

□夢乘舟登山

原文

早飯後清理文件。圍棋一局，又觀人一局。見客，坐見者二次。閱《鄉飲酒禮》，至申初止。請金世兄便飯。飯後閱本日文件。申刻寫對聯九付。傍夕又與幕府久談。夜核批札、信稿甚多，二更後

温小杜七律，又選蘇、陸二家詩之可爲對聯句者。三點睡，三更後成寐，五更醒。

余數十年來，常夜夢於小河淺水中行舟，動輒膠淺；間或於陸地村徑中行舟，每自知爲涉世艱難之兆。本夜則夢乘舟登山，其艱難又有甚於前此者，殊以爲慮。（同治五年十二月二十四日）

評點

曾氏本日夜九點四十五分（二更三點）上床睡覺，十一點（三更）入睡，四五點（五更）時醒過來。能够熟睡五個多小時，這對曾氏來說已算是美味了。然則這天夜裏，他做了一個怪夢：乘舟登山。他想起幾十年來，常做在小河裏在淺水中行舟的夢，有時也做在陸地上在小路上行舟的夢。他知道，這樣的怪夢，都是在提示他：涉世艱難。

曾氏做的這種陸地行舟甚至於高山行舟的離奇之夢，想必許多人都不曾做過。當然，如曾氏這般涉世艱難的人很少，但嘗到涉世艱難的人却千千萬萬，別人不這麽夢他却偏偏這麽夢，這説明什麽？這説明曾氏內心裏的苦楚很深，也説明他不是一個放得下的人。自然，也説明曾氏是一個詩人氣質頗重的人：乘舟登山，這是想象力豐富的人纔可能出現的夢境。

□夢父親靈柩發引爲桌凳所阻

原文

早飯後清理文件。見客，坐見者二次。閱《通鑒》《明穆宗》、《神宗》二十七葉。中飯後閱本

日文件。李雨亭來一坐。寫朱久香復信一件。申正圍棋二局。核批札各簿。傍夕至幕府久談。夜，疲乏殊甚，閱歐陽公、王介甫所爲墓銘，至二更三點睡。四更三點醒，旋又成寐。夢先大夫之靈柩將發引，而爲數百紅桌凳所攔阻，不得出門，又未將大杠早爲修整，倉卒恐不成禮，憂恐而醒。（同治六年八月十八日）

評點

曾氏之父麟書咸豐七年二月病逝於老家，十年後曾氏夢見其父的靈柩將要離家下葬時，却被幾百條紅漆桌子、凳子所攔阻，出不了門；又擔心抬棺材的大杠沒有預先修整，有可能會在半路上斷裂。就在這種驚恐憂慮之中，曾氏醒過來了。

曾氏爲何會夜夢父親出葬？這多半是睡前讀了歐陽修、王安石所寫的墓誌銘的緣故，但夢境中的父親出葬既與當時的事實不符，又是毫無來由的困難重重，這又是爲何呢？

這還得從曾氏的心情上來尋找原因。

此時，曾氏從捻戰前綫回到南京江督任上已經四個月，儘管離開了戰場，儘管前幾天朝廷晉升他爲大學士，但曾氏始終在鬱悶之中。這鬱悶是捻戰的失利帶給他的，成爲他晚年揮之不去的苦澀。實事求是地說，曾氏指揮的捻戰，實際上是失敗的，而且這種失敗表現在多方面。

首先是軍事上的失敗。曾氏於同治四年五月奉命接替僧格林沁出任捻戰前綫統帥。這年十月，在徐州定下河防之策。關於河防之策，同治五年六月，曾氏在給朝廷的奏摺中說得很清楚：『中原平曠，四通八達，此剿彼竄，不能大加懲創。擬自周家口以下扼守沙河，周家口以上扼守賈魯河，自朱仙鎮以北至南河南岸無水可扼，擬掘濠守之。』簡要地說，即通過河道將捻軍圍困在沙河、賈魯河與新開的濠溝之間，然後集中兵力驟而殲之。曾氏爲此戰略部署的實現而全力以赴，殫精竭慮。不料，七月中旬捻軍冲破朱仙鎮防綫，轉向山東。河防之策宣告失敗。捻戰失利使本來身體不好的曾氏舊病復發。他連續兩次向朝廷請假，並請求開去協辦大學士、兩江總督之缺，另簡欽差大臣接辦軍務。朝廷答應他離開軍營的要求，另派李鴻章爲欽差大臣，但沒有撤銷他的協辦大學士與兩江總督之職。

捻戰的失敗，看起來是軍事部署上的失敗，實際上是曾氏的影響力和指揮力的失敗。由他統率的淮軍，名義上聽他的，實際上却要請示遠在南京的李鴻章。應歸他節制調遣的直隸、山東、河南的軍政大員，並不完全聽命於他。朱仙鎮防綫的崩潰，就出在河南巡撫李鶴年的不負責任與淮軍的陽奉陰違上。這對曾氏是一個很大的挫傷。

捻戰的失敗，還傷及他的弟弟曾國荃及其統領的新湘軍。曾國荃與他的吉字營，在打下南京後聲威震天下。爲了幫助大哥，在老家休養一年半的曾國荃出任湖北巡撫，並在湖南招募六千人，組成新湘軍北上。不料，曾國荃一到武昌，便與湖廣總督官文鬧翻，給自己製造許多麻煩。接下來，軍事上節節失敗。他的兩個助手，一個（郭松林）被打斷腿，一個（彭毓橘）被打死。同治六年五月，曾國荃向朝廷請假養病。一個月假滿之後，又請求續假。並請開湖北巡撫之缺。這年十月，朝廷終於免去曾國荃的鄂撫之職，讓他繼續回老家休養，不可一世的曾老九，經捻戰之打擊，弄得灰頭土臉，從那以後，便一直在老家湘鄉窩居七八年。

同治六年八月十八日曾氏寫這篇日記時，捻戰前綫戰事尚不明朗，曾老九正在一敗涂地之後的病休。曾氏的心情依舊被鬱悶籠罩着。

曾氏之所以做這種夢，還與當年守父喪時的心情大有關係。守父喪的那一年多裏，是曾氏人生的最低谷。曾氏於咸豐四年十月底進入江西，到咸豐七年二月初回家奔喪，歷時兩年三個月。這一段時期，曾氏可謂陷於一個大泥坑裏，日子過得很是艱難。在戰場上他屢戰屢敗，水師又遭肢解。他的兩個助手塔齊布、羅澤南相繼死去。在人事關係上，他與江西官場勢如水火。他彈劾巡撫、按察使，與江西文武結怨，人爲地將自己處於不利的局面。接到父死之訊後，他不待朝廷批准便擅自離崗回家，招來朝廷以及湘、贛兩省的指責。曾氏說當時他已是『通國不容』的人。這個心結，曾氏一輩子都未曾解開。夜夢發引受阻，顯然是這個疙瘩在作怪。

□三夢劉墉

原文

早，各員弁賀朔，見客六七次，至巳初畢。旋寫信與沅弟，言方望溪從祀事。復姚秋浦信。小睡時許。午刻清理文件。中飯後清理文件甚多，至戌初畢。夜閱《望溪文集》二卷。二更四點睡。潘弁值日。

夢劉石庵先生，與之暢叙數日。四更因瘡癢手不停爬，五更復成寐。又夢劉石庵，仿佛若同在行役者，説話頗多，但未及作字之法。

是日天氣新轉東北風，已有涼意。（咸豐十一年七月初一日）

早飯後清理文件。坐見之客二次。習字一紙。圍棋二局。夏子松正詹來久談。又坐見之客一次。午刻，錢子密來一談，莫子偲來一談。中飯後閱本日文件。倦甚，小睡片刻。申初寫對聯五付，寫橫披一幀。自纂格言六條，書之爲紀渠侄座右之箴。吳摯甫來一談。酉初課兒甥輩背書。旋核批稿簿，未畢。傍夕至後園與紀澤一談。夜將批稿核畢，改摺稿一件。二更後，作《湘軍陸師昭忠祠碑記》，百餘字。

二更三點睡，夢劉文清公，與之周旋良久，説話甚多，都不記憶，惟記問其作字果用純羊毫乎？抑用純紫毫乎？文清答以某年到某處道員之任，曾好寫某店水筆。夢中記其店名甚確，醒後亦忘之矣。（同治七年八月初四日）

評點

咸豐十一年七月初一這天夜裏，曾氏一連兩次夢見劉石庵。七年後他又在夢中見到劉文清公。劉石庵、劉文清公是同一人，即乾隆朝的宰相劉墉。近年來，因電視劇的緣故，他有一個更爲市井百姓所熟知的大名：劉羅鍋。

曾氏酷愛書法藝術，他本人也是晚清的一位書法名家。從傳世的家書和日記中，可知他曾經下過大氣力臨帖摹帖，對古今書法涉獵甚廣，鑽研頗深。他早年能寫一筆端秀的楷書，中年之後的行書，筆勢剛硬陡峭，結體凝重謹飭，自成一家。而劉墉，則是他心目中與別人『貌异神异』的書法大家。不僅是寫字，曾氏還從劉墉『含雄奇於淡遠之中』的藝術風格中領悟到作文作詩乃至做人的道理。

出於對這位書法大家的特別敬重，曾氏一連三次夢見劉墉。他對夢境的回憶也很有趣味。第一次夢見劉墉，二人居然暢談好幾天。可惜，暢談些什麼，日記裏没有只字記録，可能是醒後全部忘記了。再次夢見劉墉是在長途旅行途中，二人在一起説了很多話，但就是没有涉及『作字之法』這個關鍵的話題。曾氏醒來後頗覺遺憾。這個遺憾看來是深藏於曾氏的心中，以至於第三次夢見劉墉時，着意要來補救。他細問劉平日寫字到底是用純羊毫，還是純紫毫，甚至説到哪家店裏的筆好，衹可惜忘記了店名。揣摩曾氏的心情，若未忘記，好像他會去尋找這家筆店似的。

曾氏對劉墉發自内心的崇敬，在這三次夢境中得到活靈活現的顯示。

□夢竹木環繞之處

原文

早飯後清理文件，核批稿各簿。坐見之客一次。倦甚，小睡。旋將武營應補缺各員開一清單，審量一番。未正，請魁將軍及李、薛兩山長小宴，酉初畢。閱本日文件。傍夕小睡。夜，閱《吴文節公集》，觀其批屬員之稟甚爲嚴明，對之有愧。吾今日之爲督撫，真尸位耳。

三更睡，夢一處竹木環繞，甚有清氣，在近日爲夢境之最佳者。（同治十年正月二十三日）

評點

曾氏夜讀座師吴文鎔的文集，拿吴對屬員的嚴明來對照自己，他有尸位素餐之感慨。睡下後他做了一個夢。夢見一處所四面爲樹木竹枝環繞，很有一股清新之氣，爲近一段時期裏的夢境最佳者。

喜歡大自然的山水草木，向往較爲悠閑自如的生活狀態，這是人的本性。長期居住鬧市中、生活節奏忙碌的人，此種心情會更加强烈。曾氏就是這樣的人。我們試讀他在京師時所作的《題篬筤谷圖》：『我家湘上高嵋山，茅屋修竹一萬竿。春雨晨鋤鄺玉版，秋風夜館鳴琅玕。自來京華睨車馬，滿腔俗惡不可删。洞庭天地一大物，一從北度遂不還。苦憶故鄉好林壑，夢想此君無由攀。嗟君與我同里社，誤脱野服充朝班。一别篬筤謝猿鶴，十年臺省翔鵷鸞。魚須文笏豈不好，却思鄉井長三嘆。錢塘畫師天所縱，手割湘雲落此間。風枝雨葉戰寒碧，明窗大幾生虚瀾。簿書塵埃不稱意，得此亦足鐫疏頑。還君此畫與君約，一月更借十回看。』

身爲京官的曾氏，對湘雲林壑，對茅屋修竹是多麽的眷戀與渴望！不能返回它的懷抱，他甚至要一月借十回地以一幅竹畫來聊以安慰。

打下南京後，他借祝九弟賀生的機會，賦詩言志：『低頭一拜屠羊説，萬事浮雲過太虚。』『已壽斯民復壽身，拂衣歸釣五湖春。』封侯拜相儘管風光，但不是他最高的追求，淡漠功名富貴的屠羊説，慣看秋月春風的釣魚者，在他的心目中，始終有着美好的印象。

他多次對守家的四弟説：做官是一時的，居家過日子纔是長久的。要曉得下塘，也要曉得上岸。

他甚至還説過，如果能够平平安安地退休，回到老家，與兄弟們談農事收成，那是他一生的福氣。

將以上的詩句言談與竹木環繞的最佳夢境聯係起來，我們可以窺視到曾氏的内心世界和他的價值觀念。

唐浩明評點曾國藩日記

圖書在版編目（CIP）數據

唐浩明評點曾國藩日記/唐浩明評點. —長沙：岳麓書社，2015.1（2021.5重印）
ISBN 978-7-5538-0301-2

I.①唐… II.①唐… III.①曾國藩（1811~1872）—日記—研究 IV.①K827=52

中國版本圖書館CIP數據覈字（2014）第253005號

作　　者：唐浩明
責任編輯：馬美著
責任校對：舒舍
封面設計：胡穎
岳麓書社出版發行
地　　址：湖南省長沙市愛民路47號
電　　話：0731—88885616（郵購）
郵　　編：410006
網　　址：www.yueluhistory.com
印　　次：2021年5月第3次印刷
版　　次：2015年1月第1版
筒　　頁：290
印　　數：2001—2200
ISBN 978-7-5538-0301-2
定　　價：590.00圓

承印：杭州蕭山古籍印務有限公司
如有印裝質量問題，請與本社印務部聯繫
電話：0731—88884129